国語教育選書

「探究」と「概念」で
学びが変わる！

中学校国語科
国際バカロレアの
授業づくり

中村純子・関 康平 編著

明治図書

はじめに

　「国際バカロレア」という教育プログラムに関心が集まっています。

　日本国内では，インターナショナルスクールだけでなく，近年では一条校でも導入している学校が増えてきました。

　なぜ国際バカロレアが注目されるようになったのでしょうか。その魅力はどこにあるのでしょうか。

　国際バカロレアは「国際」という名前が表すように，世界のどの国や地域でも行うことができる教育プログラムです。豊かな人間性と，世界的な視野をもった人間を育てることを目指しています。それは，地球を一つのコミュニティとして，全人類で協力し，持続可能な平和な社会を作っていくために必要だからです。この点において，グローバル化の進む現代，多くの保護者にその理念は受け入れられてきていると言えるでしょう。

　また，生徒にとっても，国際バカロレアは魅力的です。国際バカロレアの授業では，今，学習していることが世界のどこに関連しているか，世の中のどこで役に立つのかを常に意識させる仕掛けがあります。何のために学ぶのか，勉強していることは将来役に立つのかといった問いにしっかりと答えてくれます。

　さらに，先生方にとっても，国際バカロレアを取り入れることは多くのメリットがあります。複雑に急速に変化している社会状況への対応として，「主体的・対話的で深い学び」が必要とされています。国際バカロレアが行っている学習者を主体とした探究型の学習は，新学習指導要領の方向とまさに一致しているのです。新たな授業づくりのヒントが本書にはたくさんあります。

　国際バカロレアでは，母語教育をとても重視しています。自分自身のものの見方，考え方を育んでいく上で，言葉はとても大切だからです。その言葉を育む仕事を受け持つ国語科の先生方に，より魅力的な授業を作っていただきたい。大きな視野をもち，新しい発想で，次世代を担う生徒たちに役立つ教育を一緒に考えていきたい。そんな想いから，この本が生まれました。

2019年3月

中村　純子・関　康平

Contents

はじめに ・・・・・・・・・・・・・ 002
本書の使い方 ・・・・・・・・・・ 005

第1章 基礎理論編

1 国際バカロレアとは何か 008
2 IBの学習者像 010
3 IBを学ぶメリット 012
4 IBのカリキュラム 014
5 指導の方法 016
6 学習の方法（ATL） 018
7 学習のサイクル 021
8 学問的誠実性 022
コラム① 重大なゴールから設計する授業 024

第2章 授業設計編

1 MYP「言語と文学」の授業づくり 026
2 MYP「言語と文学」のねらい 028
3 MYP「言語と文学」の目標 030
4 概念ベース 032
5 重要概念 034
6 関連概念 036
7 概念の組み合わせ（概念理解） 039
8 グローバルな文脈 040
9 探究テーマ 042
10 探究の問い 046
11 ユニットプランナー 049
コラム② 概念理解の効果とは… 050

第3章 学習活動編

1 対話 052
2 批評 054
3 プレゼンテーション・ポスターセッション 056
4 映像の活用 058
5 ドラマ・演劇的手法 060
6 創作 062
コラム③ 構成主義の教育理念 064

Contents

第4章 評価方法編

1 何のための評価か　066
2 評価の方法　068
3 総括的評価と形成的評価　069
4 MYPの評価規準　070
5 課題と評価の実際　072
6 パフォーマンス課題に対する評価　076
7 ルーブリック　080
8 豊かな学びへのサイクル　082
コラム④ リフレクション・トーク　084

第5章 授業実践編

1 状況に生きる人間像の探究
　―『故郷』トレーラー制作を通して―　086
2 詩の可能性
　―原爆詩朗読会―　093
3 自分の考えは何に影響されているか
　―動物実験の是非についての討論会―　101
4 超高齢社会と私
　―映画『恍惚の人』と広告分析を通して―　108
5 創造は模倣から生まれる
　―宮沢賢治をモチーフにして創作しよう―　116
6 MYP年間指導例と文学指導実践
　―夏目漱石『こころ』―　122

付録　ATLスキル一覧　130
おわりに　134
参考資料一覧　135

本書の使い方

●本書を読む意義　〜未来の国語科授業ヒント発見

　2001年からOECDによるPISA調査によって日本の国語教育の課題が明らかにされてきました。知識を蓄えることを目指していた20世紀型の授業から，生徒自らが学び方を学ぶ21世紀型の授業へと変革していくことが世界中の教育現場で求められています。平成29年版学習指導要領でも，「社会に開かれた教育課程」「資質・能力の育成」「主体的・対話的で深い学び」が打ち出されました。

　そこで，国語科の先生方に，国際バカロレア「言語と文学」をおすすめします。国際バカロレアは世界共通のカリキュラムとして，世界各国の教育の動向をふまえて構成されています。新学習指導要領の目指す方向とも一致しています。国際バカロレアの授業設計方法を知ることで，新たな発想で新しい授業の構想ができるようになるでしょう。

●本書をお読みいただきたい方は…

①中学，高校の国語の教師

　自分の授業を変えたいが，どうやって変えてよいのか分からないと悩んではいませんか。指導法や評価方法をさらに良いものにしていきたいと，日々試行錯誤なさっている先生方に読んでいただきたいです。本書には「国語」という教科で教えることを新たな観点でとらえ直し，授業づくりの発想を変えていくヒントがたくさんあります。

②これから教職を目指す学生のみなさん

　本書には，もしかしたらみなさんが受けてきた授業（または今受けている大学の授業？）とは全く違うことが述べられているかもしれません。国語の先生になりたいけれど，今までの授業のあり方には疑問をもっている，そういう学生のみなさんにぜひ読んでいただきたいと思います。

③国際バカロレアのカリキュラムで教えている（教えることになる）教師

　IBでは定期的に3日間のワークショップを受講することが求められていますが，年に1回か2回の開催です。また，ガイドブックを読んだだけでは，はっきりとカリキュラムについて理解することは難しいでしょう。本書ではIBの用語についても分かりやすく説明しています。ガイドブックと照らし合わせながら読んでいただけると理解が深まると思います。

●本書のナビゲーター　ほづみ先生とユタカ先生

　本書は，初めて国際バカロレアを学ぶ方を想定して書かれています。そこで，読者のみなさんの立場を代表して分かりにくいところを質問する「ユタカ先生」と，質問に答えてくれる「ほづみ先生」のキャラクターを設定しました。各項目の最初と最後に二人の対話で内容の確認をしています。

　ほづみ先生は，私学のIB認定校で13年MYP「言語と文学」の授業を担当しています。教員歴は16年目です。日本のIBワークショップのリーダー（研修指導者）も務めています。

　ユタカ先生は公立中学校の国語科教諭で，教員歴は10年目です。そろそろ自分の授業スタイルを見直したい，新しい授業方法を学んでみたいと考えています。初めて国際バカロレアに関心をもって，ほづみ先生にいろいろと質問をしてくれますので，みなさんも一緒に読み進めていきましょう。

ユタカ先生

> ほづみ先生，よろしくお願いします。海外のカリキュラムが日本にも入ってきたのですね。
>
> こちらこそ，よろしく！　日本の学習指導要領にはない新しい言葉や考え方もありますが，一つずつゆっくり説明していきますから，大丈夫ですよ。
>
> はい。頑張ります！

ほづみ先生

●こちらの資料とあわせてお読みください

　本書は国際バカロレアが発行している先生方向けのガイドブックをもとに解説しています。次の2冊のガイドブックとあわせてお読みいただくと，より分かりやすいでしょう。

　テキストの入手方法は，次のとおりです。

　文部科学省のホームページで，「3．国際バカロレアのプログラム」を検索してください。「3　日本語DP」の項目で，国際バカロレア機構日本語ページへのリンクがあります。IBの「Resources for schools in Japan」という英語のサイトに飛びますが，大丈夫です。資料のタイトルは日本語です。そのページを一番下にスクロールすると「MYP Guide　IB中等教育プログラム（MYP）」という項目が出てきます。こちらからダウンロードしてください。

①中等教育プログラム（MYP）
『MYP：原則から実践へ』［2.7MG］

②中等教育プログラム（MYP）
『「言語と文学」指導の手引き』［2.6MG］

第1章
基礎理論編

ほづみ先生

この章では，国際バカロレア・プログラムの基本構造を紹介します。すべての教科に共通する教育理念や指導目標や指導方法です。

ユタカ先生

教育の理念や原則というと，教育基本法や学習指導要領の総則にあたる部分ですね。

1 国際バカロレアとは何か

ユタカ先生

日本国内でも，国際バカロレアのプログラムに取り組む学校が徐々に増えてきました。教育関係者や保護者の関心も高まってきています。

そもそも国際バカロレアって何ですか？ 名前くらいしか知らなくて。

140以上の国や地域で実施されている，国際標準の教育プログラムです。

ほづみ先生

国際バカロレアとは何か

「国際バカロレア」とは，世界中で行われている共通の教育プログラムです。インターナショナル・バカロレア（International Baccalaureate）とも，英語表記の頭文字をとって単にIB（アイ・ビー）とも呼ばれます。

国際バカロレア（以下IB）は，ヨーロッパの大使や外交官など，海外への移住が多い親たちからの要望によって始まりました。各国にはそれぞれの教育プログラムがありますが，その内容は国によって大きな違いがあります。外国に引っ越すなどすると，それまでの教育とは全く異なる教育を子どもに受けさせなければならなくなります。その不都合を解消するため，世界中のどの学校でも共通して行うことのできる教育プログラムの開発が求められたのです。

1968年，スイスのジュネーブに国際バカロレア機構（International Baccalaureate Organization：IBO）が設立されました。IBOの役割は多岐にわたりますが，教育カリキュラムの開発や，共通最終試験の実施，国際規準の大学入学資格（ディプロマ）の授与が主な内容です。

はじめのうちはヨーロッパの一部の層を対象とした教育プログラムではありましたが，その教育理念やプログラム内容に賛同する学校が次第に増えていき，今では世界中にIB校が存在しています（文部科学省によれば，2017年6月1日現在，140以上の国や地域で，4846校がこの教育プログラムに参加しています[注]）。〔注〕http://www.mext.go.jp/a_menu/kokusai/ib/1307998.htm

IBの使命

IBではすべてのプログラムに共通して，次ページのような使命が宣言されています。

これを読むと，IBとは決して特殊な教育プログラムではなく，日本の先生方にとっても共感できる教育理念を掲げていると言えるのではないでしょうか。

IBは，世界のどの国や地域でも行えるようにプログラムを設計しています。だからこそ，その理念も，世界のどこでも受け入れられるような普遍性をもっているのです。

> ### ＩＢの使命
>
> 国際バカロレア（ＩＢ）は，多様な文化の理解と尊重の精神を通じて，より良い，より平和な世界を築くことに貢献する，探究心，知識，思いやりに富んだ若者の育成を目的としています。
>
> この目的のため，ＩＢは，学校や政府，国際機関と協力しながら，チャレンジに満ちた国際教育プログラムと厳格な評価の仕組みの開発に取り組んでいます。
>
> ＩＢのプログラムは，世界各地で学ぶ児童生徒に，人がもつ違いを違いとして理解し，自分と異なる考えの人々にもそれぞれの正しさがあり得ると認めることのできる人として，積極的に，そして共感する心をもって生涯にわたって学び続けるよう働きかけています。

ＩＢＯ（2015）『ＭＹＰ：原則から実践へ』p.Ⅴ

日本でよくある誤解

　ＩＢは英語を勉強するためのプログラムだと思っている方が多くいます。もちろんカリキュラムの中で外国語の習得は重視されていますが，それは多文化を理解するためです。学習する言語も英語に限りません。またＩＢでは母語教育の重要性を強調しています。生徒のアイデンティティーの形成に重要だからです。その上で，グローバルな視野をもつために他言語の習得があるのです。早期に英語教育を行うことを目的としたプログラムではありません。
　また，大学入学資格（ディプロマ）の取得だけを目標にしているわけでもありません。ＩＢには年齢に合わせて様々なプログラムが用意されています。ディプロマの取得を目指すプログラムは，その中の一部に過ぎません。
　ＩＢの使命は先に見たように，様々なことをバランスよく身につけて，生涯にわたる学習者（Lifelong Learner）となり，世界の平和に貢献できる人の育成にあるのです。

もっと教えて！ほづみ先生

フランスにもバカロレアってありますよね？

たしかにフランスで発行されている資格も「バカロレア」なので紛らわしいのですが，直接的な関係はありません。ＩＢは国に関係なく受けることのできる教育プログラムです。

2　IBの学習者像

ユタカ先生
「IBの使命」は共感できますが、これをどう実践に結びつけるのでしょうか。

ほづみ先生
IBでは「学習者像」というモデルを使っています。目指すべき姿を示し、教師と生徒が目標を共有しています。

IBの学習者像

「IBの学習者像」とは、「IBの使命」を達成するために、価値のある人間性を10の人物像として示したものです。とはいっても特別なものではなく、右ページを見ていただければお分かりのように、教育に携わる人間であればほとんどが賛同できるものだと思います。

IB校の廊下や教室には、これらの学習者像がよく掲示されています。普段から生徒に意識させるためです。また、教師は授業を計画する際、どの学習者像と関連しているのかを考えなければなりません。授業内では生徒に、今やっていることがどの学習者像と結びついているのかを説明します。そうすることで、生徒は授業の目標を理解しやすくなります。また授業後に振り返ることで、自分がどう成長したのかを実感しやすくなるのです。

学習者像を共有することは、教える側にとってもメリットがあります。学習者像に書かれている言葉は抽象的で、様々な解釈が可能です。「探究する人」とはどういう人か、「心を開く人」に近づくためにはどのような学習活動がよいか、など教師は常に考え、同僚と相談し、協力し合いながら授業や学校行事を計画していきます。その繰り返しにより、教師は教育活動の目標に意識的になっていくのです。また、学校全体で目標の共有が図られ、チームワークを高めることにもつながります。

目指すべき姿を共有する

今述べたようなことは、学校の教育目標の役割と共通しています。教育目標はそうあってほしい人間の姿を表現したものです。しかし、それは学級活動や行事の中で達成するものと意識されていて、教科学習の中で意識されることは少ないのではないでしょうか。それに対して、IBでは「学習者像」を授業でも行事でも目指すべき姿として共有していきます。教科学習でも授業の中でどんな学習者像が育成できるのかを考えます。「ユニットプランナー」（⇒2章11節）には学習者像を書き込む欄があります。あらゆる場面で育成していく理想像です。

〈IBの学習者像〉

探究する人 私たちは，好奇心を育み，探究し研究するスキルを身につけます。ひとりで学んだり，他の人々と共に学んだりします。熱意をもって学び，学ぶ喜びを生涯を通じてもち続けます。	心を開く人 私たちは，自己の文化と個人的な経験の真価を正しく受け止めると同時に，他の人々の価値観や伝統の真価もまた正しく受け止めます。多様な視点を求め，価値を見いだし，その経験を糧に成長しようと努めます。
知識のある人 私たちは，概念的な理解を深めて活用し，幅広い分野の知識を探究します。地域社会やグローバル社会における重要な課題や考えに取り組みます。	思いやりのある人 私たちは，思いやりと共感，そして尊重の精神を示します。人の役に立ち，他の人々の生活や私たちを取り巻く世界を良くするために行動します。
考える人 私たちは，複雑な問題を分析し，責任ある行動をとるために，批判的かつ創造的に考えるスキルを活用します。率先して理性的で倫理的な判断を下します。	挑戦する人 私たちは，不確実な事態に対し，熟慮と決断力をもって向き合います。ひとりで，または協力して新しい考えや方法を探究します。挑戦と変化と機知に富んだ方法で快活に取り組みます。
コミュニケーションができる人 私たちは，複数の言語やさまざまな方法を用いて，自信をもって創造的に自分自身を表現します。他の人々や他の集団のものの見方に注意深く耳を傾け，効果的に協力し合います。	バランスのとれた人 私たちは，自分自身や他の人々の幸福にとって，私たちの生を構成する知性，身体，心のバランスをとることが大切だと理解しています。また，私たちが他の人々や，私たちが住むこの世界と相互に依存していることを認識しています。
信念をもつ人 私たちは，誠実かつ正直に，公正な考えと強い正義感をもって行動します。そして，あらゆる人々がもつ尊厳と権利を尊重して行動します。私たちは，自分自身の行動とそれに伴う結果に責任をもちます。	振り返りができる人 私たちは，世界について，そして自分の考え方や経験について，深く考察します。自分自身の学びと成長を促すため，自分の長所と短所を理解するよう努めます。

IBO（2015）『MYP：原則から実践へ』p. Ⅵ

もっと教えて！ほづみ先生

学習者像の説明には「私たち」とありますね。

「学習者」とは児童生徒のみを意味する言葉ではありません。学習者には，教師や学校に関わるすべての人が含まれています。完璧な人間である必要はありませんが，まずは教師自身がこの学習者像に近づこうとすることが大切です。

3 IBを学ぶメリット

ユタカ先生

IBについて知ると，どのような良いことがあるのでしょうか。

これまでの「常識」とは異なる観点で，学校や教育について考えることができます。この本ではとくに，「探究ベース」の授業づくりについて解説します。

ほづみ先生

なぜ今IBが注目されているのか

　日本国内でも，インターナショナルスクールを中心にして，IB校の数は少しずつ増えていました。その流れが急激に加速したのは，主に2つのことが影響しています。

　1つ目は，日本語でIBの大学入学資格（ディプロマ）を取れるようになったことです。これまでディプロマを取る試験のための言語は英語，フランス語，スペイン語に限られていました。しかし，2016年からは日本語で取得することが可能になったのです。外国語で教えることのできる教員が足りない，という問題が緩和され，IB導入を目指す学校が増えました。

　学生の側から見ると，ディプロマを好成績で取得すれば海外の大学入試に有利に働きます。海外志向の学生や保護者には魅力的であると言えるでしょう。また，国内でもディプロマを使った入試が増えてきています。

　もう一つの理由は，国がIBの導入を後押ししたことです。2015年の教育再生実行会議では，2018年までにディプロマ・プログラムの学校を200校に増やすという内容が盛り込まれました。また，ワークショップの参加費を国が負担したり，IBを広めるイベントが各地で開催されたりしました。このような取り組みにより，全国でIBの認知度が高まったのです。

　では，なぜ国はIBの導入を後押ししたのでしょうか。それは，IB校を増やし，その取り組みを参考にすることで，学校改革や授業改革に役立てようとしたからです。

授業づくりの発想を変えよう

　今，全国の学校で授業改革が進められています。国語も例外ではありません。すでに多数のアクティブ・ラーニング本が出ていますし，様々な媒体によって授業実践が紹介されています。

　一方で，アクティブ・ラーニングと言われても，どういう授業をしていいのか分からない，という教師もいまだ多いのではないでしょうか。また，自分の授業を変えたいと思いつつも，何から始めてよいか分からず，行き詰まりを感じている教師もいるでしょう。

　これもある程度仕方のないことです。現職の先生や現在大学で学んでいる学生のほとんどが，

自身の小中高校時代にそのような授業を受けてきていません。手本となる経験がないのです。

　生徒主体の授業や探究的な単元は，すでに多くの教師による実践があります。そういった授業のやり方を学び，真似していくのは有効な方法です。

　しかし，仮に実践を真似できたとしても，自分で新しく探究的な単元を作り出すことは容易ではありません。使用テクストや学習活動といった表面的な部分だけでなく，もっと根本的な，授業づくりの発想そのものを変えなければならないからです。

　従来の授業は，教科書の内容をどう教えるか，ということが中心でした。ですから，授業を計画するときも，当然その思考の枠組みで考えることになります。私たちは無自覚のまま，授業づくりをごく狭いところから考え始めているのです。

　しかしこれからは，もっと発想の根幹を変えていく必要があります。教科書から考え始めるのを止めて，この学校ではどういう生徒を育てたいのか，授業を通してどのような考え方を身につけてほしいのか，というところからスタートするのです。このようなダイナミックな発想の転換が，これからの授業改革には求められているのです。

　これらを手本もなく，自分一人で行うのは至難の業です。そこで参考にしてほしいのが，ＩＢの授業づくりの方法です。

「探究」と「概念」

　本書では，ＩＢの指導方法や授業実践を紹介していますが，そのまま真似するのではなく，その背景にある考え方を知ってほしいと思っています。

　ＩＢのプログラムでは，「ＩＢの使命」を達成し，生徒を「学習者像」に近づけるための方法が体系化されています。キーワードは「探究」と「概念」です。

　「探究」は，新学習指導要領の改訂でも掲げられているキーワードです。ＩＢではどのようにして「探究ベース」の授業を作っているか，参考にしてみてください。

　「概念」とは，教育用語としては耳慣れない言葉でしょう。「概念」を用いることで授業設計の方法はどのように変わるのか，２章で詳しく解説しています。

　ＩＢプログラムを通して，「探究ベース」「概念ベース」の授業づくりを学ぶことはこれからの授業のあり方を考える上で，すべての教師にとって有効なものになることでしょう。

もっと教えて！ほづみ先生

「探究」と「概念」…。なんだか難しそうですね。

最初は慣れないと思いますが，世界中の学校で取り組まれています。日本の学校だけできないことはありませんよ。今まで知られていなかっただけです。

4　IBのカリキュラム

ユタカ先生

IBのプログラムは何歳くらいから取り組むのですか？

以前は，大学入学資格を取るためのプログラムだけがありました。今では，年齢に合わせた複数のプログラムが用意されています。

ほづみ先生

IBが提供する4つのプログラム

IBには，年齢や内容に合わせて4つのプログラムがあります。

○プライマリー・イヤーズ・プログラム（Primary Years Programme：PYP）
　　3歳〜11歳までを対象としたプログラム。
○ミドル・イヤーズ・プログラム（Middle Years Programme：MYP）
　　11歳〜16歳までを対象としたプログラム。
○ディプロマ・プログラム（Diploma Programme：DP）
　　16歳〜19歳までを対象としたプログラム。カリキュラムを2年間履修し，最終試験で一定の成績を収めると，大学入学資格（ディプロマ）が取得できる。
○キャリア関連プログラム（Career-related Programme：CP）
　　16歳〜19歳を対象とした，職業につくためのプログラム。

　日本の一条校では，概ね小学校でPYPが，中学校でMYP，高等学校の2年生と3年生でDPが導入されています。2019年3月現在，国内でキャリア関連プログラム（CP）を行っている学校はありません。
　中高一貫校で，中学1年生〜高校1年生までMYPを行い，高2・高3でDPを行うという方法を取っている学校もあります。

MYPの教科

　IBのカリキュラムと，日本の学校とでは様々な違いがありますが，国内のIB校ではそれを対照させていくことで，一条校としての学習に読みかえています。
　MYPの教科名と，それにあたる日本の教科名はおよそ以下のとおりです。

MYPの教科名	中学校の教科名
言語と文学	国語
言語の習得	外国語（英語）
個人と社会	社会
理科	理科
数学	数学
芸術	美術，音楽
保健体育	保健体育
デザイン	技術・家庭

　MYPでは，この8教科に加え，複数の教科を統合した学際的学習や，毎年一定時間の奉仕活動に取り組むこと（サービス&アクション），MYPの学びの集大成として個人のプロジェクト（パーソナル・プロジェクト）に取り組むことが求められています。

なぜMYPを取り上げるのか

　本書では主に，国語の教師に向けて，MYPの「言語と文学」の内容を紹介しています。
　なぜMYPを取り上げるのかについては，いくつか理由があります。
　DPは大学入学資格を取るという要素が強いのに対して，MYPには最終試験が必須ではないため，IBの本質を追求しつつ，自由な授業設計が可能です。また，「はじめに」で述べたように新しい学習指導要領と親和性があり，日本の学校でも応用しやすい内容が多くあります。
　「言語と文学」は第一言語を学ぶ教科で，日本では「国語」がこれにあたります。ただし，その考え方，授業設計の方法は大きく異なります。
　「言語と文学」は，どのような考え方で授業を設計するのか，どのような教育活動を行うのか，それはこれまでの「国語」の授業とどう違うのか。本書では「言語と文学」と「国語」を比較しながら，共通点，相違点を見ていきます。そうすることで，これからの「国語」教育のあり方について考えていくことがねらいです。

もっと教えて！ほづみ先生

高校入試，大学入試に役立ちますか？

IBは受験のためのカリキュラムではありませんが，探究の過程で考える力や，表現力を育みます。近年の思考力を問う問題や，論述，面接などに有効だろうと思います。

5 指導の方法

ユタカ先生

「指導の方法」とは聞き慣れない言葉ですが，教師の心構えのようなものです。教師がどのように授業を行い，生徒と向き合っていくかを示しています。

そういうところも共有されているんですね。

ほづみ先生

指導の方法

ＩＢでは「指導の方法」という項目があり，ＩＢ教師はこれを守らなければなりません。「指導」という言葉にはずいぶん強い印象を受けますが，英語では Approach to Teaching です。

守るといっても，細かい教え方や教える内容が決められているわけではありません。むしろ教える内容の自由度は日本の学校に比べて高いと思います。守らなければならないのは，授業を行う上での，根本的な考え方や態度の問題です。世界中のどのＩＢ校も，この「指導の方法」をもとに授業を行うことが求められます。

「指導の方法」は次の６つです。

・探究に基づいている―探究を構築し，維持するために好奇心を刺激する
・概念主導である―新しい文脈に転移できる概念を通じて学習設計と指導を行う
・文脈に基づいている―個々の科目の枠をこえて関連性をもたせる
・協働である―効果的なチームワークと目的のある，あるいは生産的な協働を促す
・差別化されている―多様な学習者に学習へのアクセスを提供する
・評価情報に基づいている―学習の評価と，生徒の学習を促す評価とのバランスを保つ

ＩＢＯ（2015）『ＭＹＰ：原則から実践へ』p.83

１章３節でも述べたように，授業の基本は「探究」と「概念」です。知識はもちろん大切ですが，知識偏重の一方的な授業にならないように教師は注意をする必要があります。学習を通して生徒が主体的に問い続け，概念的な深い理解を得られるような授業づくりをしていかなければなりません。概念については２章を参照してください。

３つ目の記述は，授業と実社会とを関連づけることを示しています。課題を，自分の国や地域と結びつけて考えたり（地域的な文脈），国際的な視野から考えたり（グローバルな文脈）します。また，それができるような課題を用意しなければなりません。教科書の中だけで完結してはいけないのです。グローバルな文脈については２章８節で解説しています。

協働も重要なポイントです。様々な課題で，チームで取り組むことが求められます。そういった活動を通して，コミュニケーション力や社会性を育むのです。教師は，様々な学習レベルの生徒全員が参加できるような学習活動を設定しなければなりません。

「差別化した指導」についてはこの後を，「評価」については4章を参照してください。

差別化した指導

5番目の「すべての学習者のニーズを満たすために差別化した指導」という点について説明します。「差別化」とは耳慣れない言葉ですが，もとの英語は「differentiation」で，「個に応じた」と訳した方が分かりやすいかもしれません。

これは，一般的によく行われている，習熟度によってクラスを分けたり，別の教室で授業を受けさせたり，というような指導方法のことではありません。

教室には様々なサポートを必要とした生徒がいます。その生徒たちのニーズに応え，すべての生徒が学びに向かって力を発揮することができるようにしていく，それが「差別化（個に応じた）学習」です。

そのためには，教師は生徒の得意，不得意を認識しなければなりません。また，力のある生徒から学習に困難を抱えている生徒まで，全員が取り組めるような，厚みのあるテーマ選び，問いかけ方の難易度を工夫する必要があります。評価のための課題も全員が同じスタイルである必要はなく，生徒の得意な表現方法を選ばせるのが有効です。

国語授業での差別化学習とは，例えば次のようなものです。

・全員が同じテキストを学習するのではなく，自分の興味や語彙レベルに合わせ，使うテキストを自分で選ぶ。
・テキストを学習してその成果を発表する際に，表現形式（文章，グループディスカッション，プレゼンテーションなど）を自分で選ぶ。
・教師が共通のテーマを与えるが，どのような形式で創作するか（小説，韻文，戯曲，映像制作など）は自分で選ぶ。

もちろん，生徒が安易な方向に流れていかないよう，細やかなサポートが欠かせません。全員共通の課題で競わせるよりも，個人を伸ばす方に発想を転換していきましょう。

もっと教えて！ほづみ先生

ばらばらの課題に取り組んで，評価はどのようにするのですか。

従来の定期試験による評価のままでは難しいですね。ＩＢでは，ルーブリックによるパフォーマンス評価を取り入れています。4章を参照してください。

6　学習の方法（ATL）

ユタカ先生

新しい学習指導要領でも「何ができるようになるか」が重視されてきました。国語の授業を通して生徒にどのような力を身につけさせたらいいのでしょう。

一口に生徒に身につけさせたい力といっても，たくさんありますね。IBでは生徒に身につけさせたい力を5つのカテゴリー，10の項目に分けて，リスト化しています。このリストを活用しながら，先生たちは授業を計画していきます。

ほづみ先生

学びのスキルの重要性

　新しい学習指導要領では，授業中に何を学ぶかに加え，何ができるようになるか，つまり学びのスキルを重視するようになってきています。

　もちろん，これまでも国語の授業では「話すこと・聞くこと」「書くこと」「読むこと」として言語の技術は取り上げられていました。そして，「どのように」話し，聞くのか，「どのように」書くのか，「どのように」読むのか，というように具体化され，学年ごとの内容に盛り込まれています。

　今回の改訂では①知識及び技能，②思考力，判断力，表現力等，③学びに向かう力，人間性等の3つの観点が示されています。各教科の中だけでそれぞれ考えるのではなく，学校全体として，カリキュラム全体で，「何ができるようになるか」そして「どのようにできるようになるか」ということを考えていかなければなりません。卒業するまでに生徒にどのような力を身につけさせるのかを教職員全体で考えていく，そういうことが必要になってきます。

　生徒に身につけてほしいスキルは多岐にわたります。それらを各学校でリストアップし，個々の教師が年間のカリキュラムの中にバランスよく位置づける，というのはなかなか大変な作業です。

学習の方法

　すべてのIB校で，学習の方法（Approach to Learning：ATL）というリストが用いられています。

　生徒がカリキュラムを通して身につけるべきスキルはたくさんありますが，それらを5つのカテゴリー，10の項目に分けて整理しているのです。

〈ATLスキルの枠組み〉

カテゴリー	項目
コミュニケーション	1. コミュニケーションスキル 相互作用を通して，思考やメッセージ，情報を効果的にやりとりする 情報を集め，やりとりするために，言語を読み，書き，そして用いる
社会性	2. 協働スキル 他者とともに効果的に取り組む
自己管理	3. 整理整頓する力 時間と課題を効果的に管理する 4. 情動スキル 心理状態の管理 5. 振り返りスキル 学習プロセスを（再）検討する，ATLスキルを選択し用いる
リサーチ	6. 情報リテラシースキル 情報を見つけ，解釈し，判断し，創造する 7. メディアリテラシースキル 考えや情報を用い，創造するためにメディアと付き合う
思考	8. 批判的思考スキル 論点や考えを分析し，評価する 9. 創造的思考スキル 今までにないアイデアを生み出し，新しいものの見方を検討する 10. 転移スキル スキルと知識を多角的な文脈において用いる

IBO（2015）『MYP：原則から実践へ』pp.115-121をもとに作成

　教師は，ある単元で複数のATLを用いることができるように授業を設計します。また，年間のカリキュラムの中でバランスよくスキルが身につけられるように工夫しなければなりません。

　この内容は生徒とも共有しています。生徒はこのリストを見ながら，自分の学習活動について振り返ります。現在もっているスキルは何か。今回の課題を通してどのスキルを伸ばすことができるのか。これから身につけるべきスキルは何か。そういったことを常に考えていくことで，生徒は自分の学びに自覚的になります。また自身の成長を実感できるようになっていくの

です。

リスト化するメリット

　リストを見ていただくと，これまで国語の授業で扱ってきたスキル（言語技術）に比べ，ずいぶんとスキルのとらえ方が広いことが分かります。

　このＡＴＬリストは「言語と文学」の授業だけで使うものではなく，すべての教科で共通して用いるものです。これらを教師全員が理解し，必要なタイミングで授業に組み込んでいきます。そうすることで，学校のカリキュラム全体として，生徒の学びのスキル向上に寄与することができるようになるのです。

　「言語と文学」を担当する教師は，教科の枠の中でどのようにＡＴＬスキルを伸ばすのかを考えます。「コミュニケーションスキル」をどう身につけさせるか，「メディアリテラシースキル」を学ばせる課題は何かなど，ＡＴＬを解釈し，具体的な学習活動を計画していくのです。

　この10の項目の他にも身につけさせたいスキルは様々考えられますが，こうしてリスト化しておくことで，単元の内容や扱いたいテキストと組み合わせ，いろいろな学習活動を発想することが可能です。また，常にリストを参照することで，年間を通して幅広いスキルを身につけさせようと自覚的にもなります。同じような課題ばかり生徒に取り組ませる，ということを防ぐことにもつながるのです。

　ＩＢ校ではすべてのスキルをバランスよく身につけることが求められるのですが，ＩＢ校でなければそれほど厳密にとらえなくてもよいでしょう。このリストをもとにして，学校や教科で，在学中に身につけさせたいスキルリストを作るのも有効です。

※それぞれのＡＴＬの詳しい内容については，本書の巻末付録130～133ページを参照してください。

もっと教えて！ほづみ先生

このリストの順番でやるんですか？　下に行くほど難しそうな…。

順番は便宜的なもので，どこからでも選べます。項目ごとに，学びに向かう姿勢に関するものから，学習中に意識する視点，技術的なものなど，様々なスキルが挙げられています。

7 学習のサイクル

ユタカ先生　学習を計画するとき，どのようなことを意識すればよいですか。

IBでは，「探究」「行動」「振り返り」この3つの繰り返しを大切にしています。

ほづみ先生

学習のサイクル

「探究」はIBの指導において重視されていますが，探究で学びが完結するわけではありません。その他に「行動」「振り返り」があり，この3つのサイクルを継続させていくことが，IBの学びにおいて重要なものとされています。

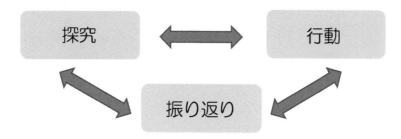

IBO (2015)『MYP：原則から実践へ』p.13

「探究」はIBのプログラムの中で，指導と学習の中心に位置づけられています。生徒はすでにもっている知識や経験を活かし，新たな学習に取り組みます。その際に教師は，生徒が好奇心をもち，やりがいを感じるような学習内容を計画する必要があります。

「行動」は生徒が主体的に学ぶための大切な要件です。教室だけでなく，家庭や地域社会，さらにはより広い世界での行動を促していきます。適切なチャレンジを継続させることで，生徒は学びの意欲を持続させるのです。

批判的な「振り返り」は，学習や経験をより深い理解につなげるために大切なことです。自分が達成できたこと，できなかったことを振り返り，次の「探究」の原動力にしていくのです。

もっと教えて！ほづみ先生

振り返りはどのようにさせるのですか。

できなかったことだけでなく，自分が達成できたことや，成長できたことを十分に認識させることが大切です。それが自己肯定感や，学ぶ喜び，次への意欲につながります。

8　学問的誠実性

ユタカ先生

「学問的誠実性」とは，研究者であれば当然理解しているべき，学問をする上での心構えや，やってはいけないことです。例えば，引用はどういうふうにするか，剽窃とは何か，などです。

大学で習い，身につけましたね。

IBでは，もっと早いうちから徹底的に指導するんです。

ほづみ先生

学問的誠実性とは

「学問的誠実性」とは，国内の学校であまり用いられることのない用語ですが，学問をする上でのルールやマナーのことです。学ぶということに誠実に向き合い，課題や試験を行うときには，不正行為をせず，必ず自分の力で取り組む，といったことを意味しています。

学校の定期テストでカンニングや改竄があった場合，その生徒には相応のペナルティが課せられます。それと同じですが，IB校では定期テストだけでなく，様々な時期に様々な形式で評価を行うため，生徒は常に「学問的誠実性」を意識していなければなりません。これは「言語と文学」だけの話ではなく，すべての教科にあてはまります。

それは不正行為だからやってはだめだ，と禁止するだけではなく，自分のデータだったらどう扱われたいと考えるか，引用という行為にはどういう価値があるのか，他者の業績への敬意について，しっかり考えさせていきたいものです。

不正行為の例

それでは，どのような行為が不正にあたるのでしょうか。不正行為をしないようにするためには，まずは何が不正行為にあたるのか，どうすればそれを避けられるのか，生徒がよく理解をする必要があります。

代表的な不正行為の例は次のようなものです。

〇剽窃（盗用）

剽窃（盗用）とは，他人の考えや成果物を，意図的に，あるいは無意識に，承諾を得ずに使用することです。

本や資料，インターネットなどから文章やデータを用いる場合は，必ず「引用」として，出典を記します。そのまま引用，表現等を言い換える，翻訳して引用，グラフや表などを利用，いずれも出典を明記しなければなりません。

○共謀

　共謀とは，自分の成果物を人が写したり，成果物として提出することを許したりして，他者の不正行為をサポートすることです。

　自分が不正をするだけでなく，人の不正に協力してはいけません。

　低学年のうちは保護者が子どもの宿題の面倒を見る（手助けする）といったことがよくありますが，保護者にも学問的誠実性の説明を行い，子どもが自分自身で課題に取り組めるよう，協力をお願いします。

○成果物の複製

　成果物の複製とは，同一の成果物を別々の課題，別の評価ために提出することです。

　以前作ったものを，そのまま，または加工して別の課題に対する成果物として提出することは認められません。生徒は課題ごとに，それぞれ異なる成果物を作らなければなりません。

　その他に，データの改竄や試験中の不正行為，別の生徒の結果に影響を与えるような行為なども不正行為に含まれます。

　ＩＢ校では，どういうことが不正行為にあたるのかを生徒に説明し，「学問的誠実性」に関する学校のポリシーが配布されます。生徒はそれを熟読して理解し，「学問的誠実性宣誓書」に署名し，守ることを約束します。

正しい引用の仕方を教えていく

　大学でレポートや論文を書く際の，不正確な引用や，悪質なコピー＆ペースト（コピペ）が問題になっています。中高生のうちからこのような勉強をしてきていないことも，その一因なのではないでしょうか。レポート課題や研究論文などに早いうちから取り組ませていれば，当然こういった内容を教える必要性が出てきます。はじめのうちは単なる無知から，悪気なくやってしまっているケースがほとんどです。課題を通してそれらの誤りを発見したとき，教師は生徒に正しい引用のやり方や，学問上のルールを教えるチャンスです。

もっと教えて！ほづみ先生

たしかに大学生でもできない学生が多くいますね。

この点に関しては，日本の教育現場は甘いのではないかと思います。大学ほど難しい課題はできないにしても，引用を含めるようなレポートや論文の指導を中学，高校から行っていくとよいのではないでしょうか。

コラム① 重大なゴールから設計する授業

　2章からMYPの授業の作り方についての説明が始まります。その前に，1つ，知っておいていただきたいのは，IBでは授業の作り方がこれまでと順番が逆ということです。教材があって，授業の発問を作って，評価を考えて，試験を作って，という順番ではありません。最初に，最も重大なゴールを決めてから，問いを作って，教材を選ぶのです。

　このような「逆向き設計」の授業の作り方を提唱しているのは，アメリカの教育学者，ウィギンズ氏とマクタイ氏です。彼らは3つの入れ子上の楕円形を用いた図で，授業で最も重大で最優先すべきゴールを説明しています。その図に解説を加えて，以下の図を作ってみました。

　一番外側の円の部分にあたるのが，知っていると便利で価値がある「知識」です。これは暗記して覚えるもので，一問一答のペーパーテストなどで試されます。学習者はテスト前の猛勉強で頭に叩き込みますが，試験が終わると忘れてしまいがちです。頭の中には短期的にしか蓄積できないものです。

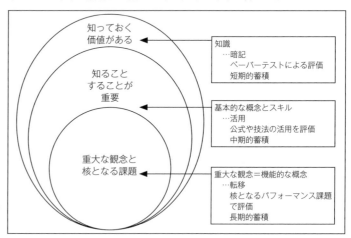

※ウィギンズ＆マクタイ（2012）p.85の図を参照して作成

　次に，真ん中の楕円の部分は，知ることとすることが重要な「基礎的な概念とスキル」です。これは公式や技法を活用できるようになることです。これは，知識よりも長く頭の中に留まると言われており，論述などのパフォーマンスで評価します。

　そして，中心の部分が「重大な観念」です。これこそが，最も重大で最優先すべきゴールなのです。この「重大な観念」とは，教科毎にばらばらに学んできた知識やスキルを結びつけて意味づける働きをする概念です。学習者の頭の中に大きな学びの枠組みを作るキーワードとなるものです。この枠組みができていると新しく学んだこともすぐに理解できるようになります。そして，一度理解すると生涯にわたって活用できるようになります。IBでは，このゴールから授業を作る「逆向き設計」を基本としています。

　このゴールとなる重大な観念とはいったいどんなものなのか？　また，どうやって授業を設計していくのか？　どう評価するのか？　…この後の章をじっくりお読みください。

〔参考資料〕ウィギンズ＆マクタイ：著，西岡加名恵：訳（2012）『理解をもたらすカリキュラム設計―「逆向き設計」の理論と方法』日本標準

第2章
授業設計編

さあ,いよいよ「言語と文学」の教科内容に入ります。
授業の組み立て方が分かります。

ほづみ先生

学習指導要領の各教科「国語」にあたるところですね。
日本の国語科とは授業の作り方が違うみたいで,楽しみです。

ユタカ先生

1 MYP「言語と文学」の授業づくり

ユタカ先生

ほづみ先生

これまでの説明でIBの概要については理解してもらえましたか。

まぁ，だいたいは…。

OKです！ これからは実際に「国語」の内容に入っていきます。日本の学校でいう「国語」は，IBでは「言語と文学」という教科にあたります。詳しい作り方の前に，まずは大まかな違いを見てみましょう。

テクスト選択から始まる授業づくりを止めてみる

　一般的に国語授業を計画する場合，まず教科書の中から教材となるテクストを選択します。次に，そのテクストを熟読し，授業のねらいを考えます。このテクストを通して理解させたいことは何か，ということを考えます。このときには注意が必要です。本来であれば，「走れメロス」を読むことで，○○を理解させる，とすべきですが，テクストの読解が目的化してしまって，単元の大半がテクストの解釈に終始する，ということがよく起こります。(指導案に「単元名：『走れメロス』」などと書いてしまうのはその極端な例でしょう。)

　授業の構想が1つのテクストから始まり，授業準備はその分析と解釈，発問づくりにほとんどの時間が使われ，そのテクストに関する学習活動が計画される。そうした授業づくりの手順のままに「探究」を導入しようとしたらどうでしょう。このやり方で「探究」をやろうとすると，実は難しいのではないでしょうか。1つのテクストから発想が始まっているため，必然的に探究もそのテクスト内にとどまります。つまり「探究＝テクストの深い解釈」になってしまうのです。「探究」にはもっと様々な可能性があります。国語の授業で様々な探究を行うためには，まずはテクスト選択から始まる授業づくりをいったん止めて，別のアプローチで行うことが有効です。

「言語と文学」の授業づくり

　IBの授業の作り方の基本は「概念ベース」であるということでした。概念ベースで授業を作る順番は，テクストベースの国語の授業の作り方とは全く異なります。

　最初は，生徒にどのような概念を理解させたいのか，を考えることから始まります。それがある程度考えられたら，次にどのようなテーマに取り組ませたいのか，どのような問いを投げかけるかを考えていきます。そしてこの次にやっと，どのような評価のための課題を行うか，そのために一番効果的なテクストは何かと考え，教材を選んでいくのです。

　教科書教材から授業設計をスタートし，そのテクストの中で発問を作っていると，教師の思

考はなかなか抽象にまで及びません。「概念ベース」の授業づくりは，授業の構想をいきなり抽象思考から始めるのです。最初にテクストを読んで，テクスト内の記述から具体的な問いを立てるのではなく，まずは，抽象的な授業のテーマや大きな問いを立てます。

このように逆向きの順番で考えていくことで，既習事項や他教科，様々なテクストを関連づけながら授業を設計しやすくなるのです。

授業の作り方の違い

授業を設計する際の一番の違いは，教師の発想が具体的な1つのテクストから始まっているのか，抽象的な概念から始まっているのか，です。

「テクストベース」授業の発想順	「概念ベース」授業の発想順
①テクストを選ぶ…具体	①理解させたい概念を決める…抽象
②テクストを熟読し，教材研究をする…具体	②取り組ませたいテーマを立てる…抽象
③発問を考える…具体	③授業で扱う問いを決める…抽象／具体
④授業のねらいを決める…具体／抽象	④扱うテクストを選ぶ…具体
⑤学習活動を計画する…具体	⑤学習活動を計画する…具体

例えば「意見文を書く」という授業を計画した場合，従来であれば，全員に原稿用紙を配り，共通のテーマを与え，〇〇字以内で書く，という授業が考えられます。発想が「意見文を書く」という具体的な学習活動でとどまっている場合，これ以上の広がりは見込めません。

概念を使って発想できるようになると授業の計画の幅が広がります。例えば「ジャンル」という概念を用いると，同じ「意見文を書く」という学習でも，新聞の投書，SNS，書籍などの違いに注目させる，といった探究ができそうです。「変化」という概念を用いれば「意見文によって世の中はどう変わったか」といった問いを生徒に投げかけ，影響力のあった意見文を読み比べさせるという探究ができるかもしれません。

探究的な授業展開が思いつかない，テクスト同士を関連づけられない，他教科との共同学習ができない，そういう場合は，発想がテクストや学習活動といった具体的で狭い範囲に限定されている可能性があります。ぜひ「概念」を授業設計に取り入れ，抽象思考で授業を計画してみてください。思わぬ広がりが生まれるかもしれません。

もっと教えて！ほづみ先生

「概念ベース」の授業では教材研究はしないのですか。

もちろんします。ただテクスト内容の分析・解釈だけでなく，その背景にはどのような概念があるのか分析することも大切な教材研究です。

2 MYP「言語と文学」のねらい

「言語と文学」の「目標」はどのようなものですか。

ユタカ先生

日本の学習指導要領の「目標」は、ＩＢでいう教科の「ねらい」にあたります。ＩＢでは「目標」は生徒が達成するものであり、「ねらい」と区別されています。

ほづみ先生

「言語と文学」の「ねらい」

学習指導要領には国語科の「目標」が掲げられていますが、ＩＢではまず教科としての「ねらい」（英語では Aims）が示されています。「ねらい」とは、教師が指導することや、生徒が学ぶこと、学習を通して生徒がどのように変わるのかを示したものです。ＩＢの使命（⇒１章１節）を達成し、学習者像にあるような生徒に育てるために各教科で生徒に何を習得させるのか、「ねらい」ではそのことが示されています。

「言語と文学」のねらいは、生徒に以下のことを促して、習得させることです。
・言語を、思考、創造性、振り返り、学習、自己表現、分析、および社会的な相互作用の手段として利用する。
・さまざまな文脈で、聞くこと、話すこと、読むこと、書くこと、見ること、発表することに関わるスキルを身につける。
・文学および非文学のテクストを学習し分析することへの、批判的で創造的で個人的なアプローチを探究する。
・歴史上のいろいろな時代とさまざまな文化のテクストに取り組む。
・文学および非文学のテクストを通して、自分の母国や現在住んでいる国の文化、その他の文化を探究し、分析する。
・多様なメディアや伝達様式（モード）を通して言語を探究する。
・生涯にわたる読書への関心を育む。
・実際のさまざまな文脈の中で、言語的・文学的な概念とスキルを応用する。

ＩＢＯ（2015）『「言語と文学」指導の手引き』p.8

「言語」と「文学」

「言語と文学」は、ＩＢの教科として世界中で教えられています。そもそも「国語」という

発想がありません。ここでいう「言語」とは，母語などの第一言語のことです。

　ＩＢでは，複数の言語の習得を求めています。「言語と文学」では第一言語を主に扱い，「言語の習得」という科目では，外国語の学習を行います。ＩＢで教えるすべての教師は言語の教師であるとされ，生徒が高いレベルで言語の習得ができる責任を担っています。その中で「言語と文学」では，第一言語のテクストを主に用いて，第一言語での思考力や表現力，コミュニケーション能力を育成しようしているのです。

　「文学」とありますが，小説の分析・解釈ばかりをするわけではありません。もちろんそれも重要な学習活動の一つですが，とくにＭＹＰにおいては，もっと幅広い学習活動が行われています。「ねらい」の中に「文学および非文学」とあるように，扱うテクストは小説や論説文だけでなく，詩歌，映像や音声，写真や絵画などの非言語表現まで多様です。何をテクストとし，どのような学習活動を行うかは，専門家である教師に任されているのです。

３つのコミュニケーションスキル

　ＩＢのガイドには「言語と文学」で育む３つのコミュニケーションスキルが示されています。「口頭のコミュニケーション（聞くこと，話すこと）」「文章によるコミュニケーション（読むこと，書くこと）」「視覚的なコミュニケーション（見ること，発表すること）」の３つです。

口頭のコミュニケーションスキルを習得するための学習例
討論，ロールプレイ，議論，ソクラテス式（問答法）セミナー，口頭エッセイ，講演，スピーチ，インタビュー，シミュレーション，詩の朗読，劇や口頭による文学の解釈など
文章によるコミュニケーションスキルを習得するためのテクスト例
小説，短編小説，伝記，自叙伝，日記，書簡，パスティーシュ，パロディー，漫画，劇画，詩，歌詞，戯曲，映画脚本，広告，ブログ，Ｅメール，ウェブサイト，嘆願，小冊子，リーフレット，社説，インタビュー，雑誌の記事，宣言，報告，指示，ガイドラインなど
視覚的なコミュニケーションスキルを習得するための視覚テクスト例
広告，美術作品，パフォーマンスアート，演出法，はがき，劇画，アニメーション，漫画，コミック，フィルム，ミュージックビデオ，ビデオクリップ，新聞や雑誌，グラフ，表，ダイヤグラム，リーフレット，ポスター，テレビ番組など

ＩＢＯ（2015）『「言語と文学」指導の手引き』pp.20-21をもとに作成

もっと教えて！ほづみ先生

ずいぶんたくさんのコミュニケーションのスタイルが例示されていますね。

もちろんすべてを扱うことはできませんが，どれもが「言語」や「文学」を学ぶためのテクストになりますし，生徒が学び，探究した成果を示す成果物にもなります。このリストを眺めているといろいろな学習活動が浮かんできますね。

3 MYP「言語と文学」の目標

ユタカ先生
「ねらい」の他に「目標」もあるんですね。

ほづみ先生
「ねらい」は，教師が教えること，生徒が学ぶことを教師視点で示しています。「目標」は生徒の立場から学習を通して生徒が達成できることを示しています。

「言語と文学」の決まり

MYP「言語と文学」では，そもそも何を教えなければならない，ということは決まっていません。教師自身が，IBの使命を達成するために，生徒を生涯にわたる学習者に育てるために，そして前項で紹介した「ねらい」に沿って学習内容を決め，テクストを選択していくのです。

では，「言語と文学」を教える際に，何の制限もないかというと，そうではありません。IBは「言語と文学」で生徒が達成する「目標」（英語ではObjectives）として，右ページのような項目を設定しています。「言語と文学」を教える場合，教師は必ずこの目標を生徒と共有し，使用しなければなりません。

また，各目標には複数の指標（ⅰ，ⅱ，ⅲ…で示される内容）があります。これを「ストランド」と呼び，評価のためのより具体的な観点が示されています。

「目標」の内容

「A　分析」は，テクストの分析と解釈に関する目標です。複数のテクストを比較・対照したり，批判的に読んだりしながら，生徒は分析と解釈を行います。また，考えた内容を様々な方法で他者に伝えていきます。

「B　構成」は，表現方法に関する目標です。自分が表現したいことや，その目的に合わせて，適切な表現方法を生徒は選択し，用います。その際に，学問的誠実性（⇒1章8節）について十分な認識を示すことも大切です。

「C　創作」は，生徒が作成するテクストについての目標です。自分のアイデアを形にし，受け手を意識した創作が求められます。文章の創作以外にも，音声や映像など，生徒は様々な表現方法を選択して創作の課題に挑むことができます。

「D　言語の使用」は，第一言語を正確に，多様に使用することについての目標です。年齢にふさわしい語彙力や表現力を身につけていかなければなりません。

A 分析
i テクストの内容，文脈，言語，構造，技法，およびスタイル（文体）と，複数のテクスト間の関係性を分析する。
ii 作者の選択が，受け手に与える効果を分析する。
iii 例，説明，用語を用いて，意見や考えを正当化する。
iv ジャンルやテクストにおいて，または複数のジャンルやテクストにわたって特徴を関連づけることで，類似点と相違点を評価する。

B 構成
i 文脈と意図に応じた組織的構造を採用する。
ii 意見や考えを，持続的で一貫性のある，論理的な方法で整理する。
iii 執筆や引用のフォーマットを利用して，文脈と意図に適した発表の体裁を作成する。

C 創作
i 創造プロセスへの個人的な関わりから生じる新しいものの見方やアイデアを探究し，批判的に振り返りながら，洞察，想像力，感受性を示すテクストを創作する。
ii 言語的，文学的，視覚的な表現の観点から，受け手に対する影響を認識したスタイル（文体）を選択する。
iii アイデアを育むために，関連する詳細情報と実例を選び出す。

D 言語の使用
i 適切で多様な語彙，構文，表現形式を使用する。
ii 文脈と意図に適した言語使用域（レジスター）とスタイル（文体）で書き，話す。
iii 正しい文法，統語法，句読法を用いる。
iv 正確に綴り（アルファベット言語），書き（文字言語），発音する。
v 適切な非言語コミュニケーション技法を利用する。

ＩＢＯ（2015）『「言語と文学」指導の手引き』pp. 9-11

もっと教えて！ほづみ先生

この「目標」を使ってどのように評価をするのですか。

「各年次で少なくとも2回，4つすべての目標の，ストランドすべてに取り組まなければなりません」（『「言語と文学」指導の手引き』p.9）と決められています。ＩＢ校ではこれをもとに，各課題で評価規準とルーブリックを作成し，生徒がどの程度「目標」を達成したのかを評価しています。

4　概念ベース

ユタカ先生

「概念ベース」とは，どういう内容なのか，詳しく教えてください。

テクスト内容の理解を中心とした授業にとどまらず，複数のテクストを関連づけた理解や，教科の枠を超えた深い理解を促すための授業アプローチです。

ほづみ先生

なぜ「概念ベース」の授業が必要か

　新学習指導要領では「深い学び」が一つのキーワードになっています。「深い学び」の解釈には様々あるでしょうが，「概念ベース」で学習活動を行い，概念的な理解をしていくことは，その一つの回答として有効だろうと思います。

　国語の授業では，教科書教材を理解することが学習活動の大半を占めています。テクストについての知識を学び，精読し，解釈する，という学習はたしかに大切ですが，その授業展開ばかりであれば，生徒が身につける力も偏ってしまうことにならないでしょうか。

　例えば，今読んでいるテクストを，以前学習したテクストとつなげて考えてみたり，近年の社会問題と重ねてみたりする学習活動，または国語で勉強した内容を他教科の学習に応用する展開など，生徒の思考や理解を一つのテクスト内に限定させるのではなく，学んだこと同士をつなげたり，関連づけたりしていきたいものです。

　そのための方法が，授業設計の中心に「概念」を据えるというものです。

「概念」とは何か

　ここでいう「概念」とは，例えば「つながり」「変化」「論理」というような，様々な状況で用いることのできる抽象的なキーワードのことです。

　Erickson (2008) は，「概念」を次の基準を満たすものと定義しています。

・時間，場所，空間を横断して意味をもち，重んじられる。
・抽象的である。　・簡潔である。（1，2語，あるいは短いフレーズで表現される）
・特定の例に共通する属性を表す。

ＩＢＯ（2015）『ＭＹＰ「原則から実践へ」』p.20
Erickson, HL. (2008) *Stirring the Head, Heart and Soul: Redefining curriculum, instruction, and concept-based learning.* Thousand Oaks, California, USA. Corwin Press.

これらの定義に従えば，概念と，概念ではないものはある程度区別できると思います。

概念	概念ではない
美しさ，変化，関係性，文化，時間	芥川龍之介，シンデレラ（固有名詞）
	地球は惑星である（事実）
	「『走れメロス』は〜を描いた小説だ」（主張）

概念の枠に挙げた「美しさ」「変化」「関係性」などは，国語だけでなく，社会，理科，数学…どの教科でも用いることのできる用語だと言えるでしょう。

「概念」を用いると国語授業はどう変わるか

例えば教科書教材を用いて授業をする場合でも，概念を用いることで，様々な授業を設計することができます。

「平家物語」を例にとってみましょう。中学校での一般的な授業方法は，次のようなものです。はじめに「平家物語」の歴史的な背景や作者やジャンルについて確認する。そして，歴史的仮名遣いの読み方を指導し，古典原文の音読をする。現代語訳を確認し，こうした学習内容がどれだけ定着したかを定期テストで試す。

さて，ここで例えば「変化」という概念を用いてみると，授業内で様々な抽象度の高い問いかけをすることができるようになります。「登場人物の心情変化はどう行動に影響したか」「『平家物語』にはどのような変化が描かれているか」「時代の変化は作品の文体にどう影響を及ぼしたか」これらはすべて「変化」という概念でくくられる問いです。

また，このような抽象度の高い問いであれば，これまでに学んだ作品と結びつけて考えさせることもできるようになります。

「登場人物の心情変化はどう行動に影響したか」という問いについて，同じく教科書定番教材の「少年の日の思い出」「走れメロス」などと比較させてみるのはどうでしょう。そして，その分析結果をレポートにまとめたり，発表させたりします。「時代の変化は作品の文体にどう影響を及ぼしたか」という問いであれば，他の古典作品はもちろんのこと，歴史や美術，音楽といった他教科の教師と共同し，全く同じ問いを異なる文脈で生徒に考えさせることもできます。

もっと教えて！ほづみ先生

概念ベース授業の場合，どのような課題やテストで評価するのでしょうか。

従来の一問一答式の定期試験で，概念的な理解を評価することは難しいと思います。レポートや発表，創作など様々な形式の課題に取り組ませ，評価をしていきます。

5 重要概念

ユタカ先生

総合的な学習の時間に，他教科と連携した授業をしたことがあります。そういうのも「概念ベース」の授業ですか？

キーワードでつなげるという点では似ている面もありますが，MYPでは重要概念で他教科との要素をつないで体系化していくのです。

ほづみ先生

テーマ学習との違い

複数のテクストを比較して読む，他教科と共同して授業を行う，そういう学習はすでに多くの学校で行われています。例えば芥川龍之介の短編を読み比べて，意見文を書く，といった授業や，国語の時間に環境問題についての論説文を読み，家庭科の時間にリサイクルについて学ぶ，という授業などです。

たしかに「芥川龍之介」や「環境問題」といったキーワードが，複数のテクストや教科をつないではいます。しかし，これらは「テーマ学習」と呼ばれるものであり，「概念ベース」の授業とは言えません。ここでいう「概念」とは，「変化」や「関係性」といった，より高度に抽象化された用語のことです。「概念ベース」の授業づくりでは，これらのキーワードを用いながら，教科同士をつなげたり，授業と授業を関連づけたりします。

重要概念

IBでは，すべての教科において用いることのできる汎用性のあるキーワードを「重要概念」と位置づけています。IBのガイドには16の重要概念が示されています。

美しさ	変化	コミュニケーション	共同体
つながり	創造性	文化	発展
形式	グローバルな相互作用	アイデンティティー	論理
ものの見方	関係性	システム	時間，場所，空間

IBO (2015)『MYP：原則から実践へ』p.67

ご覧になって分かるように，どれも高度に抽象的で，様々な場面で用いることができます。教師は授業を設計する際，この重要概念リストを参考にしながら，単元を計画していくのです。また，学習者がカリキュラム全体を通してバランスよくこれらの重要概念を用いることができるように，教師同士で話し合う必要があります。

学習者はいろいろな授業で学んだ知識やトピックをこれらの「重要概念」と関連づけて理解

します。そうすることによって，これまでに学んだこと同士のつながりを発見したり，教科の枠を超えた理解ができるようになるのです。

実際の授業展開の例

例えば「美しさ」という重要概念について考えてみます。音楽や美術の授業では，当然様々な美しい作品が扱われます。数学では答え方の美しさという観点があります。古典作品から古代の人が感じた美しさを読み取る活動もできます。「美しさ」という概念は，学校の様々な学習で扱われているのです。こうした内容を学年や教科で共有し，意図的にカリキュラムを組んでいくと，教科横断的な学習や，学年縦断的な学習を設計することができます。

〔教科横断的な学習の例〕
中学1年生
　国語：「竹取物語」を読んで，書かれた当時の美意識について探究する
　数学：文字式を学び，シンプルな解答を目指す
　理科：雪の結晶を観察し，自然そのものがもつ美しさについて学ぶ
〔学年縦断的な学習の例〕
中学1年：「源氏物語絵巻」を見て，平安時代の美の対象を探る
中学2年：芸術に関する論説文を読む
中学3年：「徒然草」を読んで，日本人の美意識について探究する

このような学習の場合，ことあるごとに「美術の時間にやったよね」とか，「2年生で読んだね」というふうに，教師の側から積極的に関連づけていくことが有効です。それを繰り返すうちに，生徒は過去に学んだことと目の前の課題を結びつけて考えるようになり，概念的な理解を深めていくのです。

学年が上がって生徒の思考レベルが高まれば，「なぜ，あるものを人は美しいと感じ，別の人は美しいと感じないのか」「美術作品における美と，文学作品における美は同じか」など，概念を用いた抽象的な問いを授業で扱うこともできるようになります。

もっと教えて！ほづみ先生

16の概念をすべて扱わなければならないのでしょうか。

1つの教科ですべて扱うわけではありません。「言語と文学」であれば，主に「コミュニケーション」「つながり」「創造性」「ものの見方」の4つを扱うようIBのガイドには記されています。IB校でなければ，このリストを参照し，授業発想のヒントにしてもらうのがよいのではないでしょうか。

6 関連概念

ユタカ先生:「重要概念」を使えば，概念ベースの授業が行えるようになりますか？

ほづみ先生:「重要概念」を意識するだけでも授業展開は変わってきますが，教科に特化した概念を組み合わせると，授業のポイントがしぼれますよ。

関連概念

　関連概念とは，各教科に関する概念的なキーワードです。重要概念がすべての教科で共通して用いることのできる語であるのに対し，関連概念は「言語と文学」「理科」など，各教科の内容を深く理解するために用いられます。教科に関連する概念，という意味です。

　関連概念を意識的に用いることで，様々なテクストと組み合わせて，探究的な授業展開を発想することが可能になります。

　まずは関連概念にどのようなものがあるのか見てみましょう。ＩＢが示している「言語と文学」の関連概念は，次の12です。

受け手側の受容	登場人物	文脈	ジャンル
テクスト間の関連性	視点	目的	自己表現
設定	構成	スタイル（文体）	テーマ

ＩＢＯ（2015）『「言語と文学」指導の手引き』p.25

　このような教科に関連する概念をもとにして，使用する教材や生徒に投げかける問い，学習活動を考えていくのです。そうすることで「概念ベース」の授業に近づいていくことができます。いきなり「重要概念」を用いた，教科横断的な授業を設計するのは難しいと思いますが，この「関連概念」を用いて授業を設計する方法は，取り組みやすいのではないでしょうか。

　それぞれの「関連概念」の簡単な説明と，概念を用いた問いの例を挙げておきます。詳しく知りたい場合は，ＩＢＯ（2015）『「言語と文学」指導の手引き』52～54ページを参照してください。

◎受け手側の受容

　受け手とは，読者や聞き手，視聴者などのことです。テクスト（映像や視覚表現を含む）が受け手に伝わったとき，受け手は様々な反応を示します。

（問）作者は，読み手がどんな気持ちになることを意図しているか。

　　　読み手の性別や年齢が変わると，テクストの意味はどう変化するか。

◎登場人物
　登場人物の変化や，対立，主役と脇役など，様々な観点から探究することができます。
（問）作品の中で登場人物はどのように変化しているか。
　　　この物語の主人公は誰か。またそれはなぜか。

◎文脈
　コンテクストともいいます。作品が生まれた社会的，歴史的，文化的な背景のことです。作品は，これらの文脈に影響を受けていることを，生徒は探究します。
（問）この作品が書かれた，歴史的な背景はどのようなものか。
　　　時代が変われば，作品の読まれ方はどのように変わるか。

◎ジャンル
　ジャンルについての学習は，そのジャンル特有の表現技法とセットで行うのが有効です。小説，散文，詩，戯曲…それぞれどのような表現の工夫がなされているのかを探究します。
（問）短歌は他の韻文とどのように表現の仕方が異なるか。
　　　小説と戯曲ではどのように書かれ方が異なるか。

◎テクスト間の関連性
　ある作品と別の作品との関係性です。同じ作者の複数の作品を比較して考察したり，複数の異なるテクストを参照しながら，関連づけて探究したりします。
（問）ある作家の小説にはどのような特徴が読み取れるか。
　　　2つのテクストを比較して，どちらが妥当だと言えるか。それはなぜか。

◎視点
　物語は，誰が語るのかによって特定の視点が与えられます。生徒は，話者や語り方に注意を払うことで，物語の視点を探究することができます。
（問）語り手が変わると，物語の内容はどのように変わるか。
　　　映像作品のカメラワークは，視聴者の考えにどう影響を及ぼしているか。

◎目的
　作品のもつメッセージ，作者の意図のことです。どのように表現されているかをふまえながら，偏りがあるか，説得力があるかなど，批判的に探究していきます。
（問）選択された表現方法から，作者のどのような意図が読み取れるか。
　　　このテクストはどのような立場に立って書かれているか。

◎自己表現

　作者は様々なスタイルで自己を表現します。どのように感情やアイデアを形にしていったのかを探究します。また、生徒自身の自己表現として創作を行います。

(問) 作者の感情やアイデアはどのように作品に表現されているか。

　　　作品を通して自分はどのようなことを伝えたかったのか。

◎設定

　物語が起こる時間や場所のことです。設定は作品のもつ雰囲気に大きく影響します。生徒は、作者の選択した設定がどのような効果を上げているかなどについて探究します。

(問) 作者はなぜこの設定を選択したのだろうか。

　　　設定が変わっても、物語のもつメッセージは同じか。

◎構成

　作品中の部分同士のつながり方や、展開の仕方のことです。物語でいえばプロットや場面、散文では章立てや段落、詩の連など、その用いられ方や効果について探究します。

(問) テクストはどのような構成になっているか。

　　　作者は小説中の場面構成の展開にどのような工夫をしているか。

◎スタイル（文体）

　作者の言葉の使い方、語り口、文章の特徴のことです。作者が作品の目的や効果のために、どのようなスタイル（文体）を選択しているかについて考察します。

(問) テクストの文体の特徴はどのようなものか。

　　　自分のアイデアを表現するためには、どのスタイルを選択することが効果的か。

◎テーマ

　作者がテクストを通して伝えたいメッセージ、主題のことです。

(問) このテクストの主題は何だと言えるか。またどこからそう言えるか。

　　　あなたがこの作品を創作することで伝えたかったことは何か。

もっと教えて！ほづみ先生

たしかに、この概念であれば授業で使いやすいですね。

こういった問いを、テクストと組み合わせて学習活動を計画していきます。単元のまとめ課題（レポート、批評、創作など）として、ここで挙げたような抽象度の高い問いを生徒に投げかけるのが効果的です。

7　概念の組み合わせ（概念理解）

ユタカ先生

概念的なキーワードをどのように授業設計に活かすのでしょうか。

ここが一番大切なところですし，難しいところですね。ＩＢでは，キーワードを組み合わせて抽象的な短文を作る，というワークを行っています。

ほづみ先生

概念理解

　教科書ベースの授業設計に慣れている教師にとっては，概念ベースの授業はイメージがつかみにくいかもしれません。ＩＢの学び始めでは，どの教師にとっても同じです。
　そこで，まず，「重要概念」と「関連概念」を組み合わせて，探究に使えそうな短いフレーズを考える，ということから練習しましょう。この短いフレーズを理解していくことが「概念理解」につながります。こうした練習を通して「概念ベース」の発想に慣れていきましょう。

概念理解の例

　例えば「重要概念」と「関連概念」を組み合わせると，次のような短文ができます。

重要概念	関連概念	概念理解（概念的な短文）
コミュニケーション	スタイル（文体），テーマ	文体によってテーマの伝わり方は異なる
創造性	ジャンル，自己表現	作者は選択したジャンルで作品を創造し，自己を表現する
ものの見方	視点，構成	テクストの視点や構成は，読み手のものの見方に影響を与える

　どれも当たり前のことを言っている印象を受けると思いますが，このようなことを意識的にやっていくのが「概念ベース」で授業を発想するためのトレーニングなのです。
　この「概念理解」の短文をさらに膨らませて，授業の探究テーマを作成していきます。

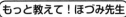
もっと教えて！ほづみ先生

概念理解のフレーズは，なんだかふわふわしていますね。

抽象思考で授業設計を始めると，こうなります。これから，テキスト選択や学習活動の選択を通して，単元に具体的な形を与えていきます。

8　グローバルな文脈

ユタカ先生

ほづみ先生

前回は「重要概念」と「関連概念」を組み合わせて「概念理解」のフレーズを作る，というワークを行いました。

まだふわふわしている段階ですね。

この次に「グローバルな文脈」という観点から，単元をさらに社会や世界と結びつけるようにしていきます。

グローバルな文脈

「概念理解」がある程度完成していれば，それとテクストや学習活動を組み合わせることで，概念ベースの単元を設計していくことは可能です。

ただ，はじめに述べたように，ＩＢでは国際的な視野をもつ生徒の育成を目標にしています。このゴールを達成するために，教科の枠の中で完結させるのではなく，学習者は各教科で学んだことを関連づけたり，現実社会で起こっている問題と結びつけたりして，理解を深めていくことが求められます。このときに用いられるのが「グローバルな文脈」です。ここでの「文脈」とは「コンテクスト」のことで，社会的，歴史的，文化的背景を意味します。

６つの観点

ＩＢでは，６つの「グローバルな文脈」を設定しています。それぞれの「グローバルな文脈」とその焦点となる問いかけと説明を紹介します。

アイデンティティーと関係性
「私は誰なのか？」「私たちは誰なのか？」生徒はアイデンティティー，信念と価値観，個人的・身体的・知的・社会的・精神的健康，家族や友達，コミュニティー，文化などの人間関係，人間であることが何を意味するのかを検証します。
空間的時間的位置づけ
「『どこ』『いつ』の意味は何か？」生徒は，個人の歴史，ふるさとと旅，人類の転機，発見，人類の探査と移住，個人的・地域的・グローバルな観点から見た個人と市民権の関係と相互の関連性を検討します。
個人的表現と文化的表現
「創造的な表現の本質と目的は何か？」生徒は考えや感情，性質，文化，信条，価値観を発見し，表現する方法，自分の創造性を振り返り，広げ，楽しむ方法，美的認識を検証します。

科学技術の革新
「自分たちが住む世界をどのように理解するのか？」生徒は，自然世界とその法則，人々と自然世界との相互作用，人間は科学的原則の理解をどのように用いるか，科学的・技術的進歩がコミュニティーと環境に及ぼす影響，環境が人間の活動に与える影響，人間は自分のニーズに合わせて環境をどのように選ぶかについて検証します。
グローバル化と持続可能性
「あらゆることはどのようにつながっているのか？」生徒は，人間が作ったシステムとコミュニティーとの相互関連性，地域の過程とグローバルな過程との関係性，地域における経験がどのようにグローバルに関わっているのか，世界の相互関連性によってもたらされる機会と葛藤，人類と環境に対する意思決定の影響について検証します。
公正性と発展
「共通の人間性がもたらすものは何か？」生徒は，権利と責任，コミュニティー間の関係，限りある資源を他の人々や他の生物と共有すること，平等な機会へのアクセス，平和と紛争解決について検証します。

IBO（2015）『MYP：原則から実践へ』pp.71-73をもとに記述

授業への応用

では，次に国語と「グローバルな文脈」を結びつけた課題例を紹介しましょう。

グローバルな文脈	探究活動例
アイデンティティーと関係性	「なぜこの小説で自分は感動するのか」という疑問について考察し，その結果をレポートにまとめる。
空間的時間的位置づけ	世界各地の小説（翻訳）を読み，その国の文化がどう描かれているのかを調べる。
個人的表現と文化的表現	自分が常々感じていることを随筆の形で表現し，クラスメイトに読んでもらう。

IBO（2016）『中等教育プログラム プロジェクトガイド』p.25を参考に記述

「グローバルな文脈」とは，世界的な視点でものごとをとらえるための，6つの扉のようなものです。どの入り口からどのように世界を見せるのか，それは教師の授業設計次第なのです。

「グローバルな文脈」は，世界の出来事の何かにつながってるんですね。

生徒たちも授業で学んでいることが社会生活のどこにつながっているのかが分かりやすくなるのです。学習の意義を納得するとやる気スイッチが入りますよ。

9 探究テーマ

ユタカ先生

ほづみ先生

さあ，いよいよ授業設計のかなめ，「探究テーマ」の設定です！

ここまでくるのに，ずいぶんいろんなプロセスがありましたね。

一般的な「国語」の授業設計とだいぶ違うことがお分かりになりましたか？ 生徒に理解してほしいこと，授業を通して学んでほしいことを「探究テーマ」という形で，短い文にまとめます。

それって授業の目標・ねらいのことですか？ それは私も設定していますよ。

これまで学んできたように，IBでは概念ベースで授業を設計するのでした。そうすると「探究テーマ」がどのようなものになるか，一緒に見てみましょう！

授業のねらいや目標は何のためにあるのか

　本来，授業のねらいや目標は，目の前の子どもたちに何を学んでほしいか，どのようなスキルを用いて，どのようなことを理解してほしいのか，そういったことを自分の言葉で語れなければなりません。そしてそれらのねらいや目標は，学年が上がるにつれて，高度に，視野の広いものになっていくのが望ましいでしょう。

　前にも述べましたが「テクストベース」の発想が固定化されていると，テクスト内容の理解そのものが目的化してしまい，授業のねらいを見失ってしまうということが起こり得ます。

　学習指導案には「単元（授業）のねらい」を書く項目があります。本来であれば，授業を通してどのようなことを理解させたいのか，授業者が自分の言葉で書くべきところです。しかし学習指導要領との対照がチェックされるポイントでもあり，そのため，最初から学習指導要領の文言を書き写す，ということがよく行われています。また，教材研究に授業準備のほとんどの時間をかけ，ねらいは後付けで書く，ということも少なくありません。こういったことが常態化してしまうと，授業のねらいがどんどん形式的なものとなり，ねらいが達成できたかどうかは気にされなくなってしまいます。

　IBの授業設計では，これまで見てきたように「概念」を用いながら，授業のねらいや目標の設定に多くの時間をかけます。そのことについてじっくり考えることが，生徒を深い学びへ促すことに有効だと考えているからです。

　教師は，授業を通して生徒に理解してほしいこと，身につけさせたいことを，概念的で抽象的な短い文で述べます。これを「探究テーマ」と呼んでいます。「探究テーマ」というと，研究のためのトピックのようにも感じますが，英語では「inquiry statement」です。文字通り，生徒にこういうことを探究してほしい，と「宣言」するのです。

探究テーマの作り方

「探究テーマ」は，これまで見てきたような「概念理解（重要概念と関連概念の組み合わせ）」（⇒2章7節）と「グローバルな文脈」（⇒2章8節）を組み合わせて作ります。

例えば重要概念「コミュニケーション」，関連概念「スタイル」「テーマ」を組み合わせて，「テクストのスタイルによってテーマの伝わり方は異なる」という短文（概念理解）を作ったとしましょう。そして，その短文に「グローバルな文脈」の中から例えば「アイデンティティーと関係性」を組み合わせます。

〔概念理解〕「テクストのスタイルによってテーマの伝わり方は異なる」
　　×
〔グローバルな文脈〕「アイデンティーと関係性」
　　↓
【探究テーマ】
「テクストのスタイルによってテーマの伝わり方は異なり，それが個人のアイデンティティー形成に影響を与える」

これが国語の授業目標？　と思われるかもしれません。おっしゃる通りで，この「探究テーマ」は1つの教科にとどまるものではありません。抽象的な概念理解をベースにしたこの「宣言」は，他教科の先生方と共有し，教科横断的な学習を設計することにもつなげられます。

例えば例に示した探究テーマであれば，音楽や美術の先生と共有し，芸術作品が私たちのアイデンティティー形成にどのような影響を与えているか，複数の教科で授業を行うことが可能です。国語では小説などの文学作品を通して，芸術科目では，音楽や絵画などの美術作品が私たちに与える影響について，探究していく展開が想像できます。

また，社会や情報の先生と協力して，様々なメディアに表れる表現と，それが私たちの考え方にどのような影響を与えているか，という内容で探究させることもできます。

このように，抽象的で懐の広いねらいや目標を想定しておくことで，1つの教科の枠にとどまらない授業設計が可能になります。国語（言語と文学）の授業においては，「日本語」「文学」などの観点を通じてそのテーマについての探究をする，ということなのです。

切り口を変えれば，探究テーマも変わる

教師のアイデア次第で，生徒に理解してほしいこと，学んでほしいことは様々に考えられま

す。1つのテクストにとどまっている必要はないのです。
　先に取り上げた「グローバルな文脈」は，授業の切り口を変えることに有効です。「テクストのスタイルによってテーマの伝わり方は異なる」という概念理解はそのままで，別の「グローバルな文脈」と組み合わせてみましょう。

> 〔概念理解〕「テクストのスタイルによってテーマの伝わり方は異なる」
> 　　　×
> 〔グローバルな文脈〕「個人的表現と文化的表現」
> 　　　↓
> 【探究テーマ】
> 「テクストのスタイルによってテーマの伝わり方は異なり，そのため作者は文化的表現をふまえながら，個人の表現方法を模索する」

　仮にこのようなテーマを想定してみると，どのような授業が考えられるでしょうか。
　ある小説家が自分の小説を完成させるために，どのような工夫をしたか，そしてそれは当時の他の小説と比べてどれくらい個性的なものであったか，そういった探究が考えられます。古典作品にあてはめてみると，「土佐日記」や「おくの細道」など，文学史上で重要な位置を占めている作品に対して，なぜ当時としてはそれが画期的であったのかを探究する学習などはどうでしょうか。
　また，他の芸術教科とコラボレーションして，時代に影響を与えた作品，というジャンルにこだわらない探究を行ったら，生徒は楽しんで学びに向かうのではないでしょうか。

テクストを選ぶのは後で

　以上見てきたように，概念ベースの授業設計では，一般的な「国語」授業の作り方とは異なり，テクストの選択は後の方になります。「国語」の授業では，教科書がすでに存在していて，その中から扱うテクストを決め，それに基づいて学習活動を考えていきます。授業設計の発想順がまるで異なることがお分かりいただけたでしょうか。
　概念ベースの探究テーマを設定した後，それを生徒に理解させるために最も効果的なテクストを教師は選ばなければなりません。「教科書に載っているから」という理由でテクストが選ばれることはないのです（そもそも教科書がないことがほとんどです）。
　とはいえ，概念理解や探究テーマを考えるにあたって，教師は完全に抽象思考をしているわけではありません。頭の中で，関連するトピックやテクストが浮かんでは消え，としています。同時並行的に行っているのです。また，どうしてもこのテクストを生徒に読ませたい，という

思いから，授業を設計することもあります。その場合でも探究テーマを設定し，概念ベースでの授業設計は必ず行います。決してテクスト内容を理解したから終わり，にはなりません。

教科書教材を用いて概念ベースの授業を行う

　まずは年間の中で少しずつでも，概念を用いた問いを生徒に投げかけ，探究的な学習活動を実行していく，それくらいから始めてみてはいかがでしょうか。
　教科書教材と概念を組み合わせて，授業展開の発想を広げる，という練習がおすすめです。「竹取物語」を例にして授業を計画してみましょう。
　基本的な知識理解や読解は済んだものとします。様々な概念と組み合わせて発想を広げていくことで，授業の問いや学習活動が思い浮かんできます。

「竹取物語」×「登場人物」
　　（問い）　　物語にはどのような登場人物が描かれているか。
　　　　　　　　人物設定やキャラクターはどう描き分けられているか。
　　（学習活動）登場人物図鑑を作ってみよう。
「竹取物語」×「ジャンル」
　　（問い）　　ジャンルによって，物語の伝わり方は同じだろうか，異なるだろうか。
　　（学習活動）現代語訳をもとにして，別のジャンルの作品を創作してみよう。
「竹取物語」×「コミュニケーション」
　　（問い）　　時代によってコミュニケーションの方法はどう異なるか。
　　（学習活動）平安時代の恋愛作法を調べ，物語中でどう描かれているか探そう。
　　　　　　　　江戸，昭和，平成と時代ごとのラブレターの出し方を比べよう。

　このように，同じ「竹取物語」から始めたとしても，全く異なる探究型の学習を設計することが可能です。その中で何を選ぶかは，教師自身が目の前の生徒に何を理解させたいかによります。授業の「ねらい」は自分自身で決定していくのです。

もっと教えて！ほづみ先生

　教科書教材から発想していくのであれば，できそうですね。

　これまでに紹介した「概念」のリストをうまく使えるようになると，授業展開や問いの発想が広がり，授業を考えるのがぐっと楽しくなりますよ。

10 探究の問い

ユタカ先生:「探究テーマ」ができれば、授業はできるようになるのですか。

ほづみ先生:「探究テーマ」に到達するように、生徒に「問い」を投げかけます。その「問い」の作り方が重要になってきます。

「問い」の種類

日々、教師は生徒に様々な問いを投げかけます。しかし、テクスト理解が授業の目標になっていると、「ここで用いられている表現技法は何ですか」「このとき主人公はどのように感じていますか」などのテクスト内容を確認するための問いに授業が終始してしまうこともあります。

概念ベースの授業を設計し、生徒に意味のある探究をさせるためには、効果的な問いを考えておかなければなりません。

IBでは、問いを種類によって、3つに区別し使い分けています。

それぞれ「事実的問い」「概念的問い」「議論的問い」と呼んでいます。ガイドでは、これらの問いが次のように説明されています。

事実的問い	概念的問い	議論的問い
・知識・事実に基づいている	・事実とトピックをつなぐような大きな考え方の探究を可能にする	・ある立場で議論するために事実や概念の使用を可能にする
・内容主導である		・議論を推進する
・スキルに関連している	・比較・対比させる機会を強調する	・重要な観念や問題を多角的なものの見方で探究する
・証拠によって裏づけられている	・矛盾を探究する	・競い合うことができる
・探究テーマの用語を検証するために用いることができる	・教科内の、そして学際的な内容についてのより深い理解に導く	・緊張感がある
・しばしば時事問題的である	・なじみのある、あるいはあまりなじみのない状況、課題、アイデア、文脈への移行を促す	・故意に挑発的になりうる
・回想や読解を促す	・分析と応用を促す	・統合と評価を促す

IBO（2015）『MYP：原則から実践へ』p.74

ここでは，話を単純化しモデル化するために，1枚の写真に対する問いを考える活動を出発点に考えてみましょう。まずは，右の写真を見てください。この写真から，どんな問いが生まれてくるでしょうか。

①この2羽の鳥はそれぞれ何という名称の鳥か？
②鳥はなぜ空を飛べるのか？
③羽の先端が広がっているが，それはどのような機能があるのか？
④撮影者はどのような意図をもってこの写真を撮影したのか？
⑤空を飛べることは移動の自由だと言えるか？
⑥鳥と人間が共存していくにはどのようにあるべきか？
⑦2羽の鳥は何の象徴としてとらえられるか？

　ここに例として挙げた7つの問いが必ずしも事実的，概念的，議論的のいずれかに分類されるわけではありませんし，複数の性質を持ち合わせる問いもあります。その上で，これらの問いがどのような役割をもちうるのかを考えてみましょう。
　まず，①の問いについて考えてみましょう。単に写真の鳥の名称を知るための問いとしてのみとらえれば，図鑑で調べるなどの方法で容易に答えの出る問いであり，「右の鳥はトビである」という事実を照会した問いであり，「事実的問い」にあてはまると言えます。しかし，①の問いからさらに，「鳥の名称はどのように決まるのか」「名称を付けることはものごとの理解にどのように役に立つか」というような問いに発展させれば，「概念的問い」を導くこともできます。
　②や③の問いは，鳥の体の仕組みや機能についての関心に結びつく問いで，これらも「事実的問い」です。抽象度を上げて，「機能と形状にはどのような関係があるか」というふうにすれば「概念的問い」にすることができます。
　④の問いであれば，作者の意図を読み取り，自分の解釈を生徒同士で話し合う学習につながります。このような問いは「議論的問い」と言えます。
　⑤の問いは，「議論的問い」の側面もありますが，「移動の自由」の概念についての問いだとも言えます。
　⑥や⑦は，人間と自然との関わり，象徴の意味についての「議論的問い」だと言えるでしょう。「共存するとはどういうことか」「なぜ人は描かれたものを象徴として見てしまうのか」という問いにすれば「概念的な問い」として生徒と共有することも可能です。

問いを活かした授業づくり

もう少し国語の授業に関連させて考えてみましょう。

例えば「このとき主人公はどのように感じていますか」という問いにしても、本文中に明らかな根拠があって、それで答えがほぼ決まってしまう箇所であれば「事実的な問い」です。しかし、テクストの中で明確になっておらず、根拠の出し方で意見が変わり、それがテクスト全体の解釈にまで関わってくるようであれば「議論的な問い」だと言えます。その場合、生徒同士でそれぞれの解釈について話し合わせると有意義な学習活動につながるでしょう。

また「具体的なセリフや行動は、どのように心情を表現しているか」という問いに仕立て直せば「概念的な問い」に生まれ変わります。これまでに学んだテクストと関連づけて考えさせたり、自分が見てきた映画やドラマと比較させたりするのも面白いでしょう。

このように、問いの種類を明確にして生徒と共有することで、学習活動は効果的になっていきます。様々な種類の問いを事前に立て、それを単元の中で有効に活用していくことで、生徒の学びは概念的で、より深いものにつながっていくと考えられます。

前項で例に出した、「竹取物語」をテクストにして、「コミュニケーションの方法」について探究する授業を計画するとします。例えば、問いはこのようなものです。

（事実的問い）
・平安時代の恋愛作法はどのようなものか。
・男女のコミュニケーションは「竹取物語」の中でどのように描かれているか。

（概念的問い）
・時代によってコミュニケーションの方法はどう変化したか。
・コミュニケーションの方法に普遍性はあるか。

（議論的問い）
・平安時代の女性の生き方は幸せと言えるか。
・男女のコミュニケーションは今後どのように変化していくか。

もちろん他にもたくさん考えられますが、このように使い方を区別することで、学習活動に役立てることができるようになるのです。

もっと教えて！ほづみ先生

なるほど、今まで問いの種類については考えていませんでした。

テクストベースの授業をしていると、どうしてもテクスト内の問いに限定してしまい、しかもそのことに気づきにくい、という問題点があります。
抽象的な問いが授業で扱えるようになると、生徒の学び方も変わってきますよ。

11 ユニットプランナー

　これまで紹介してきたことの他に，どのような課題を出すか，その課題をどのように評価していくのか，などについて検討し，具体的な学習活動を立てていきます。

　また，単元を通してどのようなスキルを身につけさせたいのか，ＡＴＬリスト（⇒１章６節）の中から選択します。ＩＢの学習者像（⇒１章２節）の中から，今回の単元を通してどの学習者像に近づいてほしいかについても考えます。

　それらをユニットプランナー（単元計画書）のフォーマットに書き込んでいきます。

　ユニットプランナーは単元のはじめに生徒と共有し，学習の見通しをもたせます。

ユニットプランナーの例

単元名		学年
自分が影響を受けた作品を紹介し合おう。		中学１年生
重要概念	関連概念	グローバルな文脈
ものの見方	ジャンル，テーマ	アイデンティティーと関係性
探究テーマ		
ジャンルによってテーマの伝わり方は異なり，それが個人のものの見方やアイデンティティーの形成に影響を与える。		
探究の問い		
事実的問い：それぞれのテクストでテーマはどのように表現されているか。 概念的問い：ジャンルによってテーマの伝わり方はどう異なるか。 議論的問い：ジャンルの違いは，考え方の形成にどのような影響を与えるか。		
課題と評価規準		
自分が影響を受けた作品についてのプレゼンテーション　（規準Ｂ：構成　規準Ｄ：言語の使用）		
ＡＴＬ		
コミュニケーションスキル：クラスの前でプレゼンテーションを行う。 批判的思考スキル：自分の性格や価値観に影響を与えた作品について批判的に考える。		
学習者像		
振り返りができる人：自分はどのジャンルの作品に影響を受けやすいか。		

※紙面の関係で省略しましたが，この他に実施期間，時間，学習の過程（どのような順番でどういう学習活動を行うか），リソース（教材），教師の振り返りなどを書く必要があります。

ＩＢＯ（2015）『ＭＹＰ：原則から実践へ』pp.63-66参照

コラム②　概念理解の効果とは…

　IBのプログラムの基本理念である「概念理解」の効果について，Erickson（2012）は従来のカリキュラムを２次元の平面に，概念を取り入れたカリキュラムを３次元の立体に喩えて説明しています。従来のカリキュラムは知識（X軸）とスキル（Y軸）の指導を行う２次元カリキュラム（図１）と考えます。これに概念（Z軸）の指導を加えることによって立体の３次元カリキュラム（図２）になるというのです。そして，Ericksonは２つのカリキュラムの違いをブロックの比喩で説明しています。２次元カリキュラムでは５×５で25個のブロックが学習者の頭の中に入ります。３次元カリキュラムでは立体になるので，５×５×５で75個のブロックが入ります。学習者の頭の中の容量が格段に広がるというわけです。

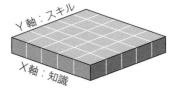

図１

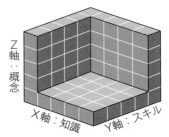

図２

　このように量的に概念理解の効果を説明することができますが，さらにもう一つ，質的な効果も考えられます。

　図３は従来型の２次元カリキュラムのイメージ図です。こちらは，知識をたくさん暗記し，使えるようになるスキルを身につけることを目指します。教科毎の時間割で区切られた授業が展開されます。２次元的なカリキュラムなので，学習者は平面の視点しかもつことができません。ですから，それぞれの教科の学習内容をバラバラに頭の中に詰め込むばかりになります。

図３

　図４は「概念」を取り入れた３次元カリキュラムのイメージ図です。重要概念を獲得することによって，学習者はZ軸のはしごを上り，高い位置に立ち，視野が広がります。各教科に共通する要素を結びつけ，体系的にとらえ直すことができるのです。さらに，学校で学んだことを現実社会にも結びつけ，新たな課題に対しても学んだことを転移し，応用できるようになるのです。

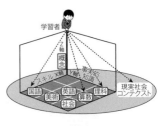

図４

　このようにイメージして，ユニットプランの重要概念，関連概念を選んでいってください。ユニットを重ねるにつれて，生徒たちがどんなふうに学習を見渡すようになるのかを想像すると楽しみですね。

〔参考資料〕Erickson（2012）"Concept-based teaching and learning." International Baccalaureate Organization

第3章
学習活動編

ユタカ先生

ほづみ先生

第2章まででMYP「言語と文学」の授業の単元の作り方が分かりましたね。この章では，授業で活用できるいろいろな学習活動を紹介します。

アクティブ・ラーニングとして使えそうなものが知りたいです。

IBは学習者主体で活動する授業が基本ですから，どれも使えますよ。

1 対話

ユタカ先生

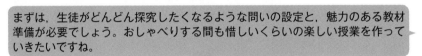
「対話」と言われても，おしゃべりになりそうで心配です。

まずは，生徒がどんどん探究したくなるような問いの設定と，魅力のある教材準備が必要でしょう。おしゃべりする間も惜しいくらいの楽しい授業を作っていきたいですね。

ほづみ先生

授業に対話を取り入れよう

　教師が黒板の前に立ち，生徒は教師の話を黙って聞く，そういう「一斉講義型」の授業方法が，近年見直されています。もちろん，たくさんの知識を効率よく生徒に伝えていくには，この方法は効果的です。しかし，この方法をいくら続けていっても「教師主導」ばかりで，「生徒主体」にはつながりません。どこかで転換が必要です。ここで，学びの主役を交代してみましょう。授業を「生徒主体」にするための第一歩として「対話」に取り組んでみましょう。
　これまでの国語の授業では，教師から発問を投げかける形が主流でした。しかし，ＩＢは，学習者中心主義を掲げており，授業は生徒同士や教師も交えての対話を中心に作っていきます。もちろん，教師が知識や考え方を伝える場面はありますが，授業時間のほとんどがそれで占められることのないよう，問いかけ，考えさせるような話し方を心がける必要があります。

対話をうまく進めるコツ

　では，どうすれば対話をうまく授業に取り入れることができるのでしょうか。
　一番大事なコツは，「生徒の話を聞くこと」です。当たり前と思われるかもしれませんが，案外できない教師が多いのです。教えるのに熱心になりすぎると，自分が話してばかりで，生徒の話を聞く機会を失います。まずは，生徒の発言を中心に授業を作ろうと考えてみましょう。
　次に大切なことは，対話になるような問いを生徒に投げかけることです。Yes・Noや単語で答えられるような答えが1つだけの問いでは対話になりません。このような問いは，本文をしっかり理解しているかどうかを確認する基礎的な問いです。テクストの記述の中だけに答えを求めることには有効ですが，対話には発展しにくいものです。「探究の問い」（⇒2章10節参照）の中でも，「議論的問い」や「概念的問い」で対話を行うとよいでしょう。これらの問いは抽象度が高いので，1つだけの答えでは収まりません。答えの可能性がいくつも広がっていく，そんな開かれた問いが対話には有効です。

抽象的な問いを生徒に投げかけよう

1つのテクスト内に限定した問いばかりでなく,時には抽象的な,生徒が自分に引き寄せて考えたくなるような問いを投げかけてみましょう。

例えば「少年の日の思い出」をテクストにして学習していたとします。「『ぼく』はなぜちょうをつぶしたのか」「エーミールはなぜ冷淡な態度をとったのか」というのは,「ぼく」「エーミール」という主語の置き方からも分かるように,物語内に限定した具体的な問いです。

抽象的な問いとは,例えば「過ちを取り戻すことはできるだろうか」「成長するってどういうことだろう」というような問いです。これは物語内容に関するものですが,他の文学作品や,他の教科に関連づけて考えることが可能になります。他にも「小説の構成にはどのような工夫がされているか」といった書かれ方についての問いなどを投げかけることも有効です。

抽象的な問い	テクスト例
成長には必ず痛みが伴うのか。	「少年の日の思い出」「岳物語」「夏の庭」
人はコンプレックスとどう向き合うのか。	「少年の日の思い出」「鼻」「人間失格」
語り手の変化は読み手にどんな影響を与えるか。	「少年の日の思い出」「走れメロス」

教師は対話を促すファシリテーター

対話を行う際,生徒が主役だからといって,先生はタイムキーパーとして見守るだけではいけません。それぞれのグループでどのように対話が展開しているかを観察して見守り,適切なタイミングで声をかけていきましょう。探究のテーマに向かってファシリテートしていくのです。教師は教壇に立って対話の流れを引っ張るのではなく,学習者の傍でそっと後押ししていくのです。

とはいえ,教師が1つの班だけをずっと見守っていられないこともあります。いくつかの班が同時展開していることもあるでしょう。その場合は,班の中で記録係を決めておくのです。そうすれば,教師も対話の記録を読んで,巡回しながらアドバイスできます。さらに,学習者自身も授業を振り返り,考察をまとめるときに役立てることができます。

> **もっと教えて！ほづみ先生**
>
> 対話が行き詰まったときにはどうしたらよいのでしょう？
>
> そういうときには,必ずユニットプランに立ち返り,概念や探究テーマを確認しましょう。生徒に授業のゴールを確認させることも有効です。

2　批評

ユタカ先生

文学作品の批評と読書感想文はどう違うのでしょう？

読書感想文は本と出会った個人の感動を書くものです。批評は自分の解釈に説得力をもたせるために，本文に根拠を求めながら，分析していく活動です。

ほづみ先生

感想文と文学批評の違い

　読書感想文は，書き手がその本について，感動したり学んだりしたことを書きます。ですから，書き方はどうしても主観的なものになります。

　一方，文学作品の批評とは，ある作品について，自分なりの観点から考えた解釈を書くものです。その解釈にオリジナリティが求められますが，決して独りよがりなものではなく，誰が読んでも「なるほど，そういう解釈もあるな」と納得させられる書き方をする必要があります。そのためには，解釈の根拠として，作品の中から文章を引用して解説して論理的に説明していかなくてはなりません。つまり，客観性をもたせた独自の解釈を書くのが批評なのです。

どのように批評に取り組ませるか

　では，批評が書けるようになるまでの段階をふんだ指導方法の一例を紹介します。

(1) **1つのテクストをもとにした具体的な問いについて書く**

　例：なぜ「ぼく」はちょうをすべてつぶしたのか。

　　　「ぼく」と「エーミール」の関係はどう変化したか。（テクスト『少年の日の思い出』）

　最初は，授業で学習したテクストの内容を正確に理解し，先生から出された問いについて自分の意見を書くように促します。テクストに基づいた問いであっても，答えが1つに決まらない，様々な意見の出る問いがよいでしょう。自分の意見を述べること，なぜそのような意見にしたのか，説明や根拠を書く練習をさせていきます。400字～800字程度の作文課題とし，意見と理由の書き方，根拠の示し方，引用の仕方などを指導していきます。

(2) **抽象的な問いについて，1つのテクストをもとにして書く**

　例：登場人物の関係性はどう変化したか。

　　　視点の変化は，受け手の解釈にどのような影響を与えるか。

　意見を述べることや，文章を書くことに少しずつ慣れてきたら，抽象的な問いについて取り組ませるようにします。問いの後には「授業で学習した『少年の日の思い出』をもとにして述

べなさい。」といった条件をつけます。学習活動としては（1）とあまり変わらないのですが，こうすることで，生徒の思考を徐々に概念的なものへと促していくことができます。

その後，別のテクストを学習した際にまた同じ問いを出すのが有効です。「登場人物の関係性はどう変化したか。授業で学習した『走れメロス』をもとにして述べなさい。」という具合です。この繰り返しによって生徒は抽象度の高い問いを扱えるようになり，概念的な理解を深めていくのです。

(3) 抽象的な問いについて，複数のテクストをもとにして書く

　例：読者が共感できる登場人物はどのような描かれ方がされているでしょうか。
　　　異なる国籍，年齢，性別の人が読んだ場合，解釈はどのように異なるでしょうか。
　　　過去と現在の時間の構成は作品にどのような影響を与えているでしょうか。

最終学年では，高度な批評に挑戦させることも可能です。抽象度の高いテーマを生徒に投げかけ，2000字程度で書かせます。テクストを教師が指定してもよいですし，根拠になりそうなテクスト（小説以外にも，マンガ，映画など）を生徒自身に探させるのも良い学習になります。

(4) 好きなテーマ，好きなテクストについて書く

一番自由度の高い探究活動です。これまでに学習した内容を振り返り，中学国語のまとめ課題として取り組むとよいでしょう。それまでに身につけたスキルや能力が試されます。

批評に取り組ませるコツ

充実した内容の批評を書くためには，テクストの正確な理解と分析が不可欠です。テクストについて考えるための観点を生徒に示していきましょう。「言語と文学」の「関連概念」はそのために有効です。「登場人物」「視点」「設定」「構成」「テーマ」などは，1年生でも取り組みやすいでしょう。高学年であれば「テクスト間の関連性」や「文脈」などをふまえさせたいものです。これらの概念を用いながら，テクストを分析し，複数のテクストを関連づけていきます。

また，多様な観点から批評できるようになるために，前項で述べた対話を取り入れていくとよいでしょう。楽しく意見を言い合える環境を作り，お互いの解釈から学び合えるような機会を設けてから，書く活動につなげていくと効果的です。

もっと教えて！ほづみ先生

ずいぶん難しいテーマに取り組ませるんですね。

一人では難しいものでも，みんなでやれば楽しく取り組めます。対話を通していろいろな考え方に触れ，自分の批評に活かすように促していきましょう。

3 プレゼンテーション・ポスターセッション

ユタカ先生

弁論やスピーチとプレゼンテーションやポスターセッションはどう違うのでしょうか。

弁論やスピーチでは「話す」内容の原稿を用意するだけですが，プレゼンテーションやポスターセッションでは，主張をより分かりやすく示すための見せる素材も準備します。「書くこと」「話すこと」「見せること」の総合的な言語活動です。

ほづみ先生

プレゼンテーションやポスターセッションとは

　プレゼンテーションとは，大勢の聞き手に向かって情報を発表して伝える言語活動です。聞き手の理解と納得を得るために，視覚に訴えるスライドや提示物，ボディランゲージを活用します。また，聴覚に訴えるよう，声のメリハリや滑舌を意識します。

　ポスターセッションは調べた内容を模造紙1枚にまとめて，資料を提示しながら，発表します。1つの会場で複数の発表者が同時に展開するスタイルなので，聞き手は関心のある内容を選んで，自由に移動します。発表者は聞き手の様子を見ながら話すことができ，親近感のあるコミュニケーションが取れる，双方向型の発表形式です。

総合的に育まれる3つのコミュニケーションスキル

　プレゼンテーション・ポスターセッションではMYP「言語と文学」で育むべき3つのコミュニケーションスキル（⇒2章2節参照）を総合的に育むことができます。

　1つ目は「口頭のコミュニケーション」です。「聞くこと・話すこと」の音声を介した言語活動です。まず，プレゼンテーションで身につけたい「話すこと」のスキルは，聞き手に届く話し方です。声の大きさ，メリハリ，イントネーション，滑舌，間の取り方など様々な要素があります。また，聞き手として必要な「聞くこと」のスキルは発表される情報を正確に聞き取り，内容を吟味分析しながら，情報を聞き取る力です。質問を考えながら聞く習慣も身につけたいものです。

　2つ目は「文章によるコミュニケーション」です。「読むこと・書くこと」の文字を介した言語活動です。発表準備では，様々な資料をたくさん読んでいきます。自分に必要な情報を素早く見つけたり，大まかな内容をつかんだりするために，文章などにさっと目を通す「スキミング」のスキルも必要です。情報の質を吟味分析して，クリティカルに読むなど，様々な「読むこと」の力が育まれます。そして，集めた情報を取捨選択してまとめていきます。そして，発表用の原稿を書いたり，発表内容の要点をまとめてスライドやポスターを書く作業に取り組

みます。ここで，論理の展開を考えて説得力のある文章を「書くこと」の力が求められます。

　3つ目は「視覚的なコミュニケーション」です。「見ること・発表すること」は映像を介した言語活動です。プレゼンテーションやポスターセッションでは，自分の提案を印象づけるために，プレゼンテーション・ソフトや，フリップ・ボード，ポスターを作ります。作成では，文字や図表の情報が伝わりやすいデザインになっているかを考えなくてはなりません。例えば，強調したい語句の文字の色を赤にするのか，青にするのかを考えるとき，その色が与えるか意味や印象を考えることが「発表すること」のスキルの一つです。視覚に訴える効果的なデザインを分析して表現できる方法を身につけていきます。そして，聞き手の立場では，スクリーンに提示されたスライドを見て，情報を読み解く力が求められます。「見ること」のスキルです。

　以上の3つのスキルは国語科だけではなく，理科や社会科，総合的な学習の時間などでも役立てることができます。教科横断的に連携して授業を展開していくとよいでしょう。

〈プレゼンテーション，ポスターセッションのテーマ例〉

ＳＤＧｓ（持続可能な開発目標）に向けて私たちができること
私たちの次の世代に伝えたい日本文化
バリアフリー社会へ…私たちの街への提案
世界の伝統文化　神話の世界
夏目漱石『夢十夜』が映画化されたら…ポスター・プレゼンテーション

もっと教えて！ほづみ先生

プレゼンテーションでは，聞き手の指導はどうしたらいいでしょうか。

私は発表を聞いて学んだことを「は・ひ・ふ・へ・ほ」シートに書いて，振り返らせます。「は・発見したこと（発表の中で気づいた新しい知識や考え方）」「ひ・ひらめき（発表を聴いて自分の中に生まれた新たな考え）」「ふ・不思議（疑問に思ったことや違和感を覚えたこと）」「へ・へ～（驚き，目から鱗）」「ほ・ほぉ～（感心したこと）」です。内容を吟味し，分析しながら聞く力を育むことができます。

4 映像の活用

ユタカ先生

映像って国語で扱うものなのですか？

アニメ，テレビ，ＣＭ，映画，ＳＮＳなど，日常生活では様々な映像情報があふれていますね。映像を見て，制作者の意図を読み解くことや，アイデアを映像で表現することも国語の学習として有効です。

ほづみ先生

視覚的なコミュニケーション

　これまでも国語科で，映像を教材とすることや，視覚的な資料を使った学習活動（発表，プレゼンテーションなど）が行われてきました。しかし，こうした活動は「読み，書き，話す，聞く」という言語活動を促すための素材として扱っています。

　一方，ＩＢのカリキュラムでは，２章２節でも述べたように，「言語と文学」で育むスキルとして「視覚的なコミュニケーション」があります。これは日本の学習指導要領にはないもので，「見ること」「発表すること」にあたります。ここでは「発表すること」と訳されていますが，元の英語は「presenting」で「見せること」です。

　「見ること」は，映像や写真，絵画などの視覚的なテクストを見て，多角的に分析し，解釈するスキルのことです。テクストを批判的にとらえ，作り手の意図を読み解き，受け手がどのように受け取るのかなどについて考察します。これまでの「メディア・リテラシー教育」として国語科でも行われてきましたが，これからの生徒たちにはますます必要なスキルと言えるでしょう。

　「発表すること」は，視覚的な方法で自分を表現するスキルです。ポスターやスライドを使ったプレゼンテーションの他に，写真やイラスト，漫画で表現したり，映像作品の制作なども含まれます。最近は，パソコンやスマホの使用が身近になっており，文章を書くのが苦手でも視覚的に表現するのは得意，という生徒は多くいます。授業中，生徒が得意分野で活躍できる機会を多く用意したいものです。

映像文法の２つのコード

　映像表現の文法のことを「コード」といいます。「コード」は２種類あります。
　まず，「象徴的コード」といって「舞台設定，背景，照明，色，仕草，表情，服装，小道具など」から制作者の意図を読み解く文法があります。
　次に，「技術的コード」といって，カメラのフレームがとらえた画面構成やカメラワークか

ら意味を読み解く文法があります。カメラワークには「アングル（角度）」「ポジション（カメラの位置）」「サイズ（大きさ）」の3つの要素があります。さらに、「技術的コード」には音の要素「セリフ、音楽、効果音、拍手・笑いなどのガヤ音」や、文字の要素「タイトルやテロップなどの文字」もあります。この文字の情報には言葉の意味に加え、「フォント形式、サイズ、色」など、デザインの要素も含み、それらを読み解いていきます。

このように映像は様々な要素が組み合わされて構成されています。一つ一つの要素に着目して、映像制作者の意図や、オーディエンスの受け止め方を分析していくのです。

〈映像を活用した実践例〉

見る	静止画	名画から物語を書く。例：ピカソ「ゲルニカ」、モネ「日傘の女」など。
		絵本や教科書の挿絵を分析する。
		新聞の一面広告を比較してデザインに表現されている価値観を分析する。
	動画	テレビCMのカメラワーク、人物の表象などを分析し、描かれている価値観を考察する。
		テレビドラマのオープニングシーンや映画予告編などから、作品のテーマとターゲットオーディエンスを分析する。
		映画化された小説を取り上げ、映像と文字の表現の特色を比較する。
見せる	静止画	雰囲気やテーマに合う写真を選び、詩・短歌・俳句を書き込み、鑑賞する。
		「走れメロス」の紙芝居を作る。
		新聞記事の内容に合う写真を選び、キャプションをつける。
		アンケート調査を行い、プレゼンテーションで活用するグラフを作る。
	動画	架空の学園ドラマのオープニングシーンを制作する。
		紙芝居の絵を写真撮影し、タブレット端末の動画編集ソフトで構成し、朗読を録音してアニメーションを制作する。
		来年度の新入生に向けて、学校CM動画を制作する。
		テレビニュース番組を制作し、情報の取捨選択の基準について考える。

もっと教えて！ほづみ先生

映像の解釈といっても、見れば分かるので、みんな同じになりませんか？

いえいえ、1つの写真でも人は自分の経験を重ねて解釈するので、多様な解釈が出てきます。「百聞は一見にしかず」と言いますが、一見にも百の解釈があります。

5 ドラマ・演劇的手法

ユタカ先生
演劇を国語に取り入れるとどんな効果があるのですか？

物語を演劇で表現するために脚本を書くとき，作品の行間を読み込むことになります。演じることで物語を詳細にイメージすることや，登場人物の心情をより深く理解することにつながります。

ほづみ先生

演劇的手法で育むスキル

演劇といっても，授業では，舞台で上演するような本格的なことをしようというのではありません。あくまでも，作品解釈や自己表現を探究するための学習方略の一つです。

作品を「読む」場合，紙の上に文字で書かれたことを頭の中で想像し，理解に結びつけます。一方「演じる」ためには，声や表情，位置関係など，詳細に様々なことを決めていかなければなりません。

まずは脚本づくりです。個人で，またはグループで脚本を書きながら，主人公の心情を想像し，より効果的に表現するためにどうしたらよいかを考えます。セリフを書き足し，演技の構想を練り，ト書きや演出を加えていきます。次に，その脚本をもとに役者としてどう表現するかを考え，練習します。その過程を通して，原作の物語の理解や解釈が深まっていくのです。

また，友達と協力しながら作り上げる活動を通して，コミュニケーション力や，協働で取り組む力をつけさせるのにも有効です。

大切なのはリフレクション

この演劇的手法の授業で最も大切なのが，演劇を終えた後のリフレクションです。舞台や演技の完成度よりも，学習者自身が演じたことから感じたこと，考えたことを書き留めることが重要なのです。なにげなく読んでいた短いフレーズも，設定やその人物の心情を考え，自分自身の声で響かせてみると実感を伴って，筆者の想いを深く感じることができているはずです。また，登場人物のイメージも，演技する中で，変わってくることでしょう。頭の中だけで想像していた情景も，登場人物同士の立ち位置を確認することで，関係性の理解が深まります。

演じ終わった後，または他のグループの演劇を見た後で，感じたことについて対話や，記述する活動を取り入れましょう。そこで考えたことを批評につなげていくという展開も効果的です。

〈演劇的手法を取り入れた活動例〉

朗読
詩や古典，物語などを情感たっぷりに声に出して読み上げることです。
群読
集団で声を響かせ合って表現する音読活動です。群読では，「読み分かち」（文章の分割）と「読み担い」（役割分担）を行います。言葉の意味を考えて，男声か女声，人数などの分担を決める過程がとても大切です[注]。詩では「生きる」「朝のリレー」（谷川俊太郎）や原爆詩，小説では「走れメロス」，古典では「竹取物語　昇天の場面」「平家物語　扇の的」など，分担箇所が複数になる作品が適しています。
ラジオドラマ
音声だけの朗読劇です。「平家物語」「夏の葬列」「走れメロス」など，ドラマチックな展開の作品が適しています。
創作ドラマ
物語の後日談など，エピソードを創作し，物語の主題をとらえ直します。例えば，「走れメロス」のディオニス王が人間不信になるまでのドラマや，「少年の日の思い出」の２人の少年の30年後の同窓会などを二次創作できる作品がよいでしょう。
フリーズフレーム
ある瞬間を切り取って，言葉を使わずに，身体を使って静止した状態で場面を表現する技法です。写真撮影しておきましょう。「故事成語を表現してみよう」などの活動ができます。
ティーチャー・イン・ロール
先生がその役になりきって，生徒からのインタビューに答える方法です。先生が着物を着て清少納言役を演じたり，シルクハットをかぶって森鷗外を演じたりして，執筆の背景を語るといった手法があります。
ホットシーティング
登場人物になりきった人が中央の席（シート）に座り，他の人からのインタビューに答える技法です。「高瀬舟」「羅生門」「走れメロス」などの登場人物を演じることを通して心情の理解を深めることができます。

〔注〕高橋俊三（1990）『群読の授業―子どもたちと教室を活性化させる（授業への挑戦）』明治図書

もっと教えて！ほづみ先生

私は演劇の経験がないのですが。

上手にやろうとしなくていいのです。演じる中で，「なぜ，こんな声のトーンで表現をするのか？」と言葉の意味を考え，解釈を深めることが大切なのです。

6 創作

ユタカ先生

これまでの授業でも創作活動はしてきていますよね。

詩や生活作文や物語の続きを書くなど，日本の国語の授業では「書くこと」の創作活動が主流でしたね。MYPでは，創作とは文章を書くことだけではなく，もっと幅広くとらえていますよ。

ほづみ先生

創作で育まれるスキル

　国語の授業で創作というと「書くこと」が主流でした。しかし，MYP「言語と文学」では，創作の表現形式をとても幅広くとらえています。

　2章2節で紹介した，3つのコミュニケーションスキルを参照してください。そこに挙げられているスタイルはどれも，言語や文学を学ぶためのテクストになり得ます。そして同時に，生徒自身が選択する創作のための表現スタイルにもなるのです。

　表現スタイルの中には，芸術科目の領域を含んでいます。しかし，どんな芸術作品も創作のアイデアを練るとき，共同作業で創作に取り組むとき，作品の制作意図を説明するとき，必ず言葉を使います。ですから，どんな表現形式でも，言葉を育む国語という教科の主軸から外れることはないのです。

　「創作」とは，生徒自身の独自のアイデアを形にしていく作業です。生徒は自分が表現したいモノを，自分で表現方法を選択し創作します。テーマを決めて，のびのびと想像力と創造力を発揮させていくのです。創作によって，生徒は「新しいものの見方」を獲得し，思考が活性化し，柔軟になるでしょう。さらに，自分で目標を立て，締め切りに向けて計画的に実行する自己管理スキルも身につきます。また，グループで創作活動をする場合は，コミュニケーションスキルや社会性（協働スキル）も育まれます。

どのように創作に取り組ませるか

　無から有を生み出す創作はとてもエネルギーのいる作業です。まずはテクストや表現スタイルを教師の方で限定し，二次創作，スピンオフに取り組ませるとよいでしょう。

　　例：ルロイ神父の葬式での主人公の心の中を小説風に書く（井上ひさし『握手』）
　　　　エーミールの立場で日記を書く（ヘルマン・ヘッセ『少年の日の思い出』）

　このような活動に取り組むことで，生徒は再度作品を深く読み返すでしょう。そしてそこから新たな発見や解釈を生み出すかもしれません。

慣れてきたら，徐々に創作の自由度を高めていきます。「これまでに授業で学習した小説の中から1つ選び，主人公を別の人物にして小説を書く」「『走れメロス』を原作にして，別のジャンルのテクストを創作する」といった課題です。生徒が選択できる幅を広くすることで，自分で選び，決めていく経験を積ませます。このような課題は，自分の好きな表現スタイルや，得意なことを生徒自身に自覚させることにつながります。

　授業で創作を行う場合，「楽しい」と思わせる雰囲気づくりが大切です。生徒が「できない」というネガティブな気持ちに支配される前に，何かを作るのは楽しいことだ，という気持ちを抱かせたいものです。そのためには，まずは教師自身が創作してみるのがよいでしょう。上手，下手は気にせずに，まずは教える先生自身が，創作を楽しんでみましょう。試作品を生徒と共有してみてください。生徒たちには，試作品を作った教師の熱意や楽しんで行った雰囲気が伝わっていくと思います。そしてこんなふうに作ればいいんだという安心感も生まれます。

創作活動の例

　改めて，2章2節の表をもとにして，どのような創作活動ができるのか，一例を紹介します。教科書教材などの具体的なテキストと組み合わせて，生徒の学習活動を計画してみてください。

〇口頭のコミュニケーション
・テキストをもとに答えのない問いを立て，対話を行う
・小説の登場人物になったつもりで，インタビューに答える
・グループでテーマを設定し，詩の朗読会を開く

〇文章によるコミュニケーション
・授業で学習した俳句や短歌をもとに，短編小説を書く
・小説の時代や設定を変えて，別の物語を作る
・小説をドラマ化すると仮定し，脚本を書く

〇視覚的なコミュニケーション
・小説の一場面を漫画化するために，コマ割りを考える
・一編の詩をもとにして，一枚の絵を描く
・グループでシナリオを作成し，映像作品を作る

もっと教えて！ほづみ先生

創作って何でもありのようですが，評価が難しそうですね。

「言語と文学」では「創作」という目標と評価規準があり（⇒2章3節），創作物を直接的に評価しています。国語の授業内であれば，授業のねらいや目標に合わせて，評価の観点を決めていくのがいいですね。

コラム③　構成主義の教育理念

　新学習指導要領では，アクティブ・ラーニングやカリキュラム・マネジメントと，新しい方向性が打ち出されました。アクティブ・ラーニングとは，学習者が主体的に対話を通して協働で深く学び合う授業スタイルです。ＩＢでは「学習者中心主義」「探究型学習」がこれにあたります。また，カリキュラム・マネジメントとは，教科毎の学習内容を関連づけて学びを体系化していくものです。ＭＹＰでも，「重要概念」によって教科を超えて概念理解の形成を目指しています。

　このように，海外でも国内でも共通する教育の潮流の源にあるのが「構成主義」という理論です。ＩＢでは，次のように書かれています。

　　ＩＢにおける「指導」と「学習」では，意味を構築し，世界を理解するために人々がさまざまな方法で協力し合うことを重要なものとして捉えています。また，この構成主義的な考え方に基づき，質問すること，行動すること，考えることの相互作用を通じて，開かれた民主的なクラスを目指します。
　　　　　　　　　　　　　　　　　ＩＢＯ（2014）『国際バカロレア（ＩＢ）の教育とは？』pp.6-7

　構成主義では，学習は社会的な状況の中に埋め込まれているものであり，学習者の頭の中だけのものではないという前提に立ちます。そして，学習とは，学習者が他者との対話を通して共同体に参加することを通して，自分自身で意味を見いだしていく行為であると考えます。学習者自身が「問いを立て，行動して，振り返る」サイクルを繰り返すことによって，世界との関わり方や理解の仕方を自分の中に組み立てていくのです。
　これまでは，教師は知識をたくさんもっている権威のある存在で，学習者はその知識を受け取って，将来のために蓄積していくことが重要だと考えられていました。知識は暗記して，ペーパーテストで試験するという方法でした。
　しかし，これからの教師の役割はファシリテーターです。現実社会の状況の中に埋め込まれた知識を学習者自身が掘り起こす機会を設定し，サポートをしていくのです。そして，学習者が次のステップへと進んでいく足場づくりをしていくのです。
　新しい授業を構想するときに，その教育理念も理解しておくことは大切です。構成主義の考え方を知るには，K.J. ガーゲンの『あなたへの社会構成主義』（東村知子：訳　2004　ナカニシヤ出版）をおすすめします。こちらを読んで，再び，本書の２章，３章を読んでみてください。授業の作り方の意味がよりご理解いただけると思います。

第4章
評価方法編

ユタカ先生

IBでは，どんなふうに評価をするのか知りたいです。普段は中間テストや期末テストの定期考査で成績をつけていましたが。

ほづみ先生

では，実際の授業の課題を紹介し，どう評価したのかを説明していきましょう。
IBでは，ルーブリックによるパフォーマンス評価を大切にします。定期考査による一斉評価から，切り替える意識をもってください。
この章は　私がどんどん説明していきますから，しっかりついてきてください。

ひゃ〜，頑張ります〜。

1 何のための評価か

生徒の本音からの葛藤

「先生の求める答えを書かないと正解ではない」「国語の記述問題の採点には先生の主観が入っている」「結局答えは何？」…国語の教師をしていて生徒からこんな声が聞こえてきたときほど，残念なことはありませんでした。生徒は授業中に先生の顔色ばかり伺い，1つの明確な答えを求める発言が目立ちました。「自分で考えて表現すること」を目的に授業をしていたつもりなのに，こちらの意図に反してむしろ「考える」ことではなく「与えられるのを待つ」「答えを覚える」そんな姿勢が見られました。その姿勢に虚しさを覚えるとともに自分の授業に自信がもてませんでした。

しかし，生徒が正直な思いを投げかけてくれたからこそ，自分の授業のあり方や評価の方法を見つめ直すきっかけにもなり，折しもIBを深く学ぶことにもなりました。国語に対する私の思いは，もっと作品を通して自分や社会とのつながりを感じてほしい，自分の考えや思いを自分の言葉でぶつけてほしい，他者との違いを当たり前だと受け止め議論をしてほしい，他者との関わりの中で自分の幅を広げてほしい，何よりも学ぶことが楽しいということを実感してほしい，好奇心や探究心を呼び覚ましてほしい…などと膨らむばかりで実際の授業でどこまでできていたのかと振り返ってみると，それは情けない限りでした。いかに理念を実践していくかが私にとっての課題でした。そして，そんな思いを具現化してくれたのがまさにIBでした。

授業内容と評価との矛盾

授業では活発な意見交換ができたり，いわゆるアクティブラーニングの学習活動ができたりしても，生徒の積極性や思考力，表現力を適切に評価できず，その場の満足感だけで終わってしまい，生徒自身の力として蓄積できていないことがありました。さらに，いざ評価となると授業で学んだ内容や身につけたスキルを評価せずに，1つの答えになるような問題を作ってテストで評価するといった矛盾が起きていました。今の教育現場では多様なアプローチや活動が実践され，学習の奥行きや幅が広まり立体的になってきています。従来のテストだけでは評価しきれないスキルを生徒たちは身につけ，発揮しています。広がり深まりのある学習経験をもっと適切に評価して，学習と評価に一貫性をもたせることが，生徒自身の成長につながるはずです。

評価の意味

　生徒の立場になってみると「評価」という言葉は非常に重く，保護者に何と言われるかを気にする恐怖の数字…のようです。それは，「評価」自体がとても狭義的で，数値でしか表されないものであると認識されているからです。そのような状況を見て，いわゆるテストの点数で行う数値的評価方法は生徒のためになっていないのではないかと強く疑問に思うようになりました。そんな価値観を植えつけてしまっていると思うと，何のための学校なのか，誰のための勉強なのか，なぜ評価しているのかと，その答えをすぐにでも見つけなければ生徒たちが犠牲になると教育の根本を見直す必要性を強く感じました。

　ＩＢでは「難題にクリティカル（批判的）に向き合う」姿勢が重要視されています。しかし突然，難題に取り組めと言われても生徒たちも困惑します。だからこそ，段階を踏んで，難題を解決していくその過程が重要となります。そして，生徒の学習過程に適宜，必要なタイミングで適切なアドバイスを与えていくことが一つの評価となり，その評価の継続によって，難題に挑戦する姿勢が育まれます。

　評価というとどうしても数値的な発想でとらえがちですが，生徒自身で学習を進めるきっかけを与える（意欲の継続），新しいスキルとの出会いや既存のスキルを伸ばす，生徒自身で学習を振り返り強みや改善点を見つけられるようにするのが評価の目的です。生徒自身が「はっ」と気づいて次に活かせるようにするのが評価の本質ではないのでしょうか。

　それには，課題の与え方にも工夫が必要です。時間制限有無，知識を問うもの，創造性を求めるもの，難易度に変化をつける，ＩＣＴを活用するなど，多彩なツールと多様な種類の課題をバランスよく提示することで，生徒の多様性に応じた評価もできますし，生徒にとって新たなチャレンジにもつながります。

　数値的な評価，言葉による評価，見守る評価，時間を与える評価，生徒同士の評価…など多様な評価方法によって生徒は学習意欲を高め，もっと勉強したい！と自律的な学習になっていくのではないでしょうか。評価の仕方を変えていくことで，そんな理想的なことが形になっていきます。

2 評価の方法

多様な評価方法

生徒のスキルを発掘し定着につなげる評価方法には次のようなものがあります。『MYP：原則から実践へ』の99～103ページとあわせて読んでください。

◎観察
| 目 的 |：どの場面でATLスキルを活用していくのかを示唆し，行動やスキルを評価する。
| 課題例 |：生徒の活動を観察したり共に活動し，客観的な立場でアドバイスを与える。

◎選択式解答方式
| 目 的 |：形成的評価として単元の途中に知識の定着を確認したり，理解の程度を測ったりするために活用する。
| 課題例 |：テスト，クイズなど。

◎オープンエンド型の課題
| 目 的 |：知的好奇心を刺激するような課題，多様な表現方法がある課題などを出すことによって，生徒は既知情報や学習経験を活用させ，自身の独創性を発揮させる。
| 課題例 |：発表，作文，解決策の提案，ポスター創作，映像制作など。

◎パフォーマンス
| 目 的 |：生徒の表現する力や生徒が表現した作品を評価するために活用する。生徒が理解したことをどう表現したのかを評価する。
| 課題例 |：作文，研究報告，発表，解決策の提案など。

◎プロセスジャーナル（記録日誌）
| 目 的 |：学習の過程を記録していくことで，意味のある活動につなげ，目的意識を明確にしていく。また，振り返りを促し次の活動に学びを活かす。
| 課題例 |：創作過程を記録するシートや振り返りが記入できるノートなど。

◎ポートフォリオ
| 目 的 |：記録保存した学習成果から，自分の学習成果の変化を客観的に振り返る。
| 課題例 |：ポートフォリオ専用のフォルダー，もしくはクラウドなどオンライン上のフォルダーに作品を保存する。

3 総括的評価と形成的評価

　探究に基づいた学習を進めていく中で，適切なタイミングで有意義な評価を与えることは，生徒の概念的理解や知識を深め，パフォーマンスを高めることができます。また，自分の理解度や到達度，進むべき方向が可視化できることで，「何をどのようにすれば向上できるのか」という学習目的や方法が明確になり，学習意欲も高まることで主体的で自立的な学びへとつながる作用があります。

- **形成的評価**は，生徒の学習を促すための評価。生徒の活動や学びを向上させるために，アドバイスやフィードバックを継続的に与える。総括的評価課題に向けての足がかりになるような機会でもある。また，生徒がどこまで**理解**しているか，どの程度**知識**を習得したか，目標としている**スキル**がどのように身についてきているか，学習に向かう態度が向上しているかなど，形成的評価によって教師も生徒の到達状況を確認することができ，その後の授業方針に活かすことができる。

- **総括的評価**は，単元の探究テーマと直結する課題に対する評価。ＭＹＰ評価規準表を用いて，到達度を判定する。

ＩＢＯ（2015）『ＭＹＰ：原則から実践へ』pp.91-92「ＭＹＰの評価の原則」をもとに記述

　生徒が身につけた知識やスキルを適正に評価できるよう，課題を様々な方法でバランスよく出していきます。単元の途中では，**形成的評価**を用い生徒の理解度を確認し，学習の方向性を明らかにするために活用します。**形成的評価**はモニタリングの役割があり，生徒の理解をより明確にしていくことを目的としているため，必ずしもＭＹＰの評価規準表を使っての評価が必要となるものではありません。一方，**総括的評価**は，探究テーマに対して課したタスク（課題）について，ＭＹＰの評価規準表に照らし合わせて評価します。

評価の目的	評価方法の流れ
●生徒の学習を支援し促すこと。 ●フィードバックを提供するような評価プロセス。 ●ＡＴＬスキルの発達，教科の目標に密接に関連したスキルの発達。 ●実社会と学習のつながりを意識化すること。	形成的評価 （プロセス） ↓ 総括的評価（成果物）

4 MYPの評価規準

MYPの評価規準

　MYPの評価は,「言語と文学」の4つの観点の目標に対応しています。これらの観点をもとに評価することで, どの課題にも同じ規準で評価することができます。例えば, 学期の評価材料を作文は30点, 意見文のスピーチは20点, 中間テスト20点, 期末テスト30点, 合計100点というように課題ごとに評価の重みづけが異なると, 課題の難易度や生徒たちの得手不得手によって評価が決まりかねません。すると, 作文を書くのが得意な生徒にとっては作文で評価されることを喜びますが, 苦手な生徒にとっては十分な力を発揮できずに評価されてしまいます。すると, 生徒は課題や学習の過程で身につくスキルを伸ばすことよりも, どうやったら点数が取れるのかという結果に偏重してしまう恐れがあります。

　様々な課題に取り組むことで, 生徒は自身の長所や短所に気づくことができます。長所を活かした学習でより幅を広げ自信をつけたり, どのように弱点を克服し厚い壁を乗り越えていくのかを模索したりしていきます。MYPで示している評価規準でどの課題も公平に評価していくことで自分のスキルを客観的に認識していきます。

　自己の特徴を知ることはより効果的な学習を生み出すだけでなく, 他者との協働の際にも, 自己と他者の長所を掛け合わせて創造的な作品を生み出すこともできます。また, 短所を認識することで, ストレスコントロールもでき協調的な活動につなげていくことができます。

MYPの評価

　2章3節「MYP『言語と文学』の目標」で紹介した4つの目標を次の表のように, それぞれ8点満点で観点別評価をしていきます。

評価規準A	分析	最高点：8点
評価規準B	構成	最高点：8点
評価規準C	創作	最高点：8点
評価規準D	言語の使用	最高点：8点

IBO（2015）『MYP:「言語と文学」指導の手引き』p.33

　では, ここで31ページを見てください。4つの目標の詳細がローマ数字で箇条書きに示されています。これらの項目を次のように評価項目として書き換えて, ルーブリックを作っていきます。『MYP:「言語と文学」指導の手引き』の34〜50ページには, 第1学年, 第3学年, 第5学年と発達段階に応じたルーブリックが示されています。第5学年というのは日本の高校1

年生にあたる段階と考えてください。次に，第3学年のものを示します。

A 分析
i テクストの内容，文脈，言語，構造，技法，およびスタイル（文体）と，複数のテクスト間の関係性を特定し説明する。
ii 作者の選択が受け手に与える効果を特定し説明する。
iii 例，説明，用語を用いて，意見や考えの理由を述べる。
iv ジャンルやテクスト内，および複数のジャンルやテクスト間で特徴の類似点と相違点を解釈する。

B 構成
i 文脈と意図に応じた組織的構造を使用する。
ii 意見や考えを，持続的で一貫性のある，論理的な方法で整理する。
iii 執筆のフォーマットを利用して，文脈と意図に適した体裁を作成する。

C 創作
i 創造的プロセスへの個人的な関わりから生じる新しいものの見方やアイデアを探究し検討しながら，思考，想像力，感受性を示すテクストを創作する。
ii 言語的，文学的，視覚的な表現の観点から，受け手に与える影響を認識したスタイル（文体）を選択する。
iii アイデアを発展させるために，関連する詳細情報と実例を選び出す。

D 言語の使用
i 適切で多様な語彙，構文，表現形式を使用する。
ii 適切な言語使用域（レジスター）とスタイル（文体）で書き，話す。
iii 正しい文法，統語法，句読法を用いる。
iv 正確に綴り（アルファベット言語），書き（文字言語），発音する。
v 適切な非言語的コミュニケーション技法を利用する。

ⅠＢＯ（2015）『「言語と文学」指導の手引き』pp.39-44を参考に記述

　評価規準Dの「言語」は，書面のテクスト（文字），口頭のテクスト（音声），視覚テクスト（映像）のすべてに適用するものとしています。
　例えば，ポスターの文字が与える印象（文字の大きさ，太さ，読みやすさなど）や，スピーチなど音声コミュニケーションの際に使われる，ジェスチャーやアイコンタクト，音量，間の取り方など，言語以外の要素の利用が有用で効果的かどうかも評価します。視覚的効果としては，図表の大きさ，線画の工夫，色彩的選択の効果などを評価します。

5　課題と評価の実際

次のユニットプランで,「変化」を重要概念として「走れメロス」を扱った評価の実際を紹介します。

重要概念	関連概念	グローバルな文脈
変化	登場人物	アイデンティティーと関係性
探究テーマ		
信念や価値観を変化させる登場人物が主役になりえる。		

テーマ設定理由

「変化」という概念でそれぞれの登場人物を分析していきます。まず,主役のメロスは心情の変化が激しく,自分との戦いの中で起きる自己的変化が挙げられます。一方,ディオニス王の変化はメロスやセリヌンティウスの働きかけによる外的要因によるものです。また,信念を変えるという劇的な変化もあります。「本当の主役はメロスか?ディオニスか?」と批判的に作品を読み直し,探究させていきます。

指導の流れと評価方法

《授業の流れ》	評価の方法
1. 場面設定や登場人物など物語の基本情報を読み取る。	
2. 人物像の比較をグループでまとめ,発表する。	〔観察〕生徒同士での活動を「観察」する。この際,教師は非参加者の立場で全体を観察し,発表を通して得た視点や観点を指摘する。➡形成的評価
3. 登場人物の「変化」をとらえ,原因・過程・結果をまとめる。また,その変化によって周囲にどのような影響を与えているのかを検証する。	〔パフォーマンス〕図表を用いて視覚的にまとめる。評価規準Aを用いた評価にすることで,理解の程度を相互(教師,生徒)が認識し,次の総括的評価の課題に向かうヒントを得る。➡形成的評価
4. 「変化」という観点で主役に適する人物を決め,根拠を明確に示しながら正当化し,ドラマの趣旨説明する作文を書く。	〔オープンエンド型の課題〕最終課題の作品は,学問的誠実性に則りオリジナルであることを宣誓し,自己評価も含めて提出。評価規準表に従って点数化する。その後,コメントを記入してフィードバック,クラス内で共有する。➡総括的評価

■課題(形成的評価)例
○登場人物である「メロス」と「ディオニス」の人物像を比較する表を作ります。
　→評価規準A〔分析する〕iv.「テクストにおいて,特徴の類似点と相違点を解釈する」という観点を用いて,生徒同士による評価を行います。

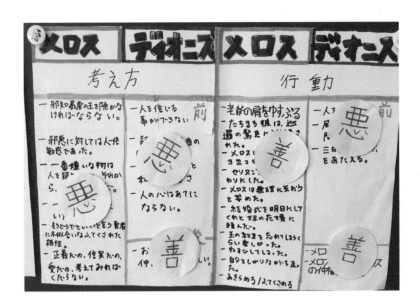

第4章　評価方法編

○登場人物の「変化」をとらえ，原因・過程・結果を図表としてまとめます。
　→評価規準B〔構成〕ⅲ.「執筆のフォーマットを利用して，文脈と意図に適した体裁を作成する」という観点を用いて，教師が評価を行います。

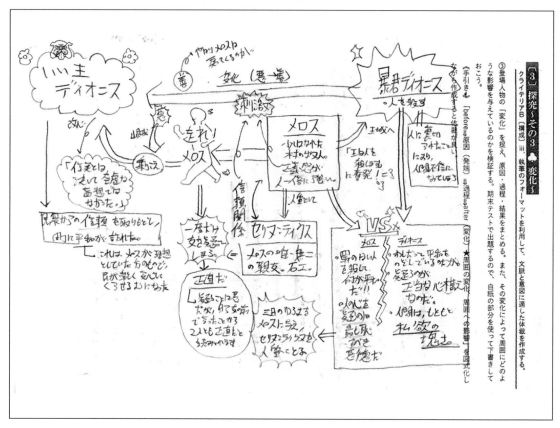

■最終課題（総括的評価）
　『走れメロス』をモチーフ（素材）に『新・走れメロス』というドラマを制作するとします。あなたが監督なら…誰を主役にしてドラマを作りますか？　「変化」という観点で主役に適する人物を決め，根拠を明確に示しながら正当化し，ドラマの趣旨説明をしなさい。

■評価規準（総括的評価）
評価規準A：登場人物の変化をどのようにとらえ，主役にふさわしい理由を述べられているかどうかを評価する。A（ⅱ，ⅲ）
評価規準B：論の展開のスムーズさや効果的な論の運びを評価する。B（ⅰ，ⅱ）
評価規準C：どんなドラマに仕立てるのかという説明をもとに，独創性と創造性を評価する。C（ⅰ，ⅱ，ⅲ）
評価規準D：表記，文法など言語事項や語彙選択について評価する。D（ⅰ，ⅱ，ⅲ，ⅳ）

◆《課題の進め方》
1．総括的評価の課題のタスクシート（課題別の評価規準表を含む）を準備し，生徒に配付。
2．クラス内で説明する。提出締め切りは余裕をもって設定する。
3．課題についてクラス内で討論会を開き，探究テーマに対するブレーンストーミングを通して課題に取り組みやすいようする。

◆《評価の進め方》
●評価規準表に照らし合わせて，到達度を決め，コメントを記入する。（教師による評価）
●議論の余地がある作品や優秀作品などを選び，クラス内で紹介し，意見交換をする。（教室内での活動により，振り返りの時間とする。）

◆《生徒作品例と教師コメント》

夜明け

僕がもし「新・走れメロス」の監督であったなら、迷いもなくディオニス王を主人公に選ぶと思います。理由は彼こそが本当の主人公であって、メロスは「走れメロス」で暴君だった①ディオニス王を変化させるための②「道具」に過ぎないからです。実際メロスは友のためでもありますが、②暴君ディオニスは友のために変化するために走っていると本文から読み取れます。

サイト「物語る工房」によると、ある人物がある物語の主人公かそうではないかを区別するためには、③物語を通して葛藤を解決した結果、変化しているかどうかで判断できるとありました。これはディオニス王にも当てはまり、彼が④このドラマの主人公になることは④国語的にも正しいと言い切れます。

文章を読み確認したところ、唯一ディオニス王が登場するのは初めのメロスとの対面シーンと、最後のところのみで、彼がどのようにして変化していったかが不鮮明でした。しかし、ぼくはこれはドラマを作るということにおいては有利であると考えます。なぜなら、文章中には書かれていないディオニス王がどのように変化したかを作り上げることができるからです。セリヌンティウスとの対話シーン、一人メロスの言ったことを思い出し悩むシーンなど、観客の人達にその過程を明確に伝えたいですね。そこで⑤重要になってくるものが物語の中盤であり、ドラマの見どころにもなるだろうと思います。

次に、⑥題名「夜明け」について説明します。この言葉は王が暗く、おかしくないものを足して、明るく疑いのない心（夜）を自ら捨て、疑うことしかできない心（夜）を取り戻したことを表現しています。そして、⑦民衆たちが王を恐れずに楽しく生活できることも同時に暗示しています。

このような理由で、ぼくはディオニス王が主人公にふさわしいと思いました。

最後に、このドラマのあらすじ、兼宣伝をします。
★「暴君ディオニスは今日も人々に疑いをかけ、殺している。彼はだれも信用できない。唯一信じられるのは己の心のみであった。民衆らは王を恐れ、町に出るのはおろか、人と話すことすらためらっていた。そんな時、一人の勇者が街にやってきた。その時まだ暴君は彼が自分を変えるとは夢にも思っていなかった…。名はメロス。果たして王はどう変化していったのか⁉続きはお近くの映画館で。」
（９８１字）

①原文では主役のメロスを「道具」として扱い、主役が別にいることを定義している。
①の根拠を示している。
②自分なりに調べ、内容を深めるヒントを得て、効果的な情報を活用している。
③物語的にどういうことを指しているか基準が不明瞭。
④原文に記述されていないシーンを作り上げていくことがオリジナリティにつながっていくことが伝わる。
⑤題名へのこだわりが伝わる。
⑥ディオニスだけでなく民衆の立場にも触れている点が視点の広がりにつながっている。
⑦国語的に評価できるドラマのために宣伝文をつけたアイディアは評価できるが、ディオニス王の変化を明確にするという趣旨からは外れてしまい、蛇足となっている。

★ドラマのために宣伝文をつけたアイディアは評価できるが、ディオニス王の変化を明確にするという趣旨からは外れてしまい、蛇足となっている。

6 パフォーマンス課題に対する評価

　パフォーマンス評価とは，実社会のある状況を想定した文脈の中で，知識やスキルを適用させ，応用して完成させた成果物（課題）を評価することです。パフォーマンス評価を取り入れていくことで，生徒は教室での学びや課題が実社会でどのような場面で活用できるのかが明確になり，学習の意欲を向上させながら取り組め，より深く掘り下げた学習につなげていくことができます。ＩＢのユニットプランではグローバルな文脈がパフォーマンス評価の役割を果たしています。重要概念＋関連概念＋グローバルな文脈を掛け合わせることによってより学びが実社会につながっていきます。また，到達度が提示されていることにより，生徒はどの観点で評価されるのかを意識しながら学習できるため，どんなスキルを使えばよいのか，どの観点を伸ばせばよいのか，ゴールで求められていることは何か，ということを思考しながら課題に取り組むことができ学習の効果を実感できます。

　さらに，教師は生徒の思考の過程や理解が可視化されるため，生徒の到達度をより的確に評価できるとともに，学習課題の振り返り，教育内容の改善へとつなげることができます。

　ＩＢにおける「パフォーマンス」とは，作文，レポート，提案，発表など「あらかじめ設定された学習目標を実際に表現する生徒の能力を評価するあらゆる形式を示すため」の「理解の表現」を意味しています。（『ＭＹＰ：原則から実践へ』p.100参照）

　それでは，「コミュニケーション」を概念として『平家物語』を扱った授業を例に説明していきます。

重要概念	関連概念	グローバルな文脈
コミュニケーション	受け手の受容	個人的表現と文化的表現
探究テーマ		
非言語的コミュニケーションは，受け手側の受容に与える影響が大きい。		

■実社会との関連：スピーチやプレゼンテーションなど，人前での発表場面
■新規知識：非言語的コミュニケーションの種類
■身につけたいスキル：非言語的コミュニケーションによる表現方法
■課題（形成的評価）
・日常生活の中での非言語的コミュニケーションが使われている場面を探し，実演する。
・ジェスチャーゲームで非言語的コミュニケーションの難しさを体感し，課題を見つける。
→グループ活動，発表を行い，生徒同士で評価を行う。また，before after観点の振り返り活動で学びを確認する。
■課題（総括的評価）
　『平家物語』の「扇の的」を読んだものの，古語が難しくてあまり内容が理解できない中学２年生の生徒たち。そこで，みんなでより理解できるように工夫をしよう！となった。「暗記

と暗唱のどちらが効果的な学習か」という学ぶ方法の実験と非言語的コミュニケーションの学習経験を活かしながら，受け手の理解を意識した発表をしよう。（非言語的コミュニケーションが受け手の理解にどの程度補完的役割を果たすか，理解に役立つのかを検証する。）

■評価規準（総括的評価）：D（ⅱ，ⅲ，ⅳ）
☐〔音声〕声の大きさ，間の取り方，スピード（速度），テンポ（拍），抑揚に意図が見られ，効果的に用いられているかどうかを評価する。
☐〔姿勢〕視線，立ち方，身振り手振りが意識的に用いられ効果的であるかどうかを評価する。
☐〔正確さ〕古語の発音や区切り方などが正確であるかどうかを評価する。

◆《課題の進め方》
1．グループ決め（ＡＴＬ：コミュニケーションスキルを活用）
　✓ どんな非言語的コミュニケーションを用いて発表したいか各自考える。
　✓ リーダーになりたい人を立候補で募る。リーダーは発表イメージをアピールする。
　✓ リーダーの宣伝スピーチを聞いて，入りたいグループを決める。
　✓ リーダーに自分を売り込んで採用してもらうよう交渉する。
2．話し合い・練習
3．発表

◆《評価の進め方》
●生徒による評価，教師による評価：評価シートへ記入し，その場で意見交換をして，点数化する。
●コメントの工夫として，評価規準に照らし合わせた評価だけでなく，ＡＴＬの視点で評価していくことで学びのスキルをどう活用したのかを自覚し，今後の学習に適応しやすい。

◆《生徒の作品例と評価コメント》
グループＡ：人物関係がわかるように立ち位置を工夫したり，登場人物の心情を二人で表現したりと，動きで内容理解を促した。

〔評価規準Ｄ：言語の正確さ〕
◎読み方が明瞭で快活だったので，ストーリーに集中できた。
〔評価規準：非言語的コミュニケーションの効果〕
◎心情の変化や与一の二面性を身体で表現していて，工夫が見られた。
◎平家と源氏に分かれて立っていたので，分かりやすかった。
△風や波の演出も見られたが，風景になるものなので少し分かりにくかった。
■練習を重ねた様子がうかがえ，終始，安定感があった。完成度が高い。

グループB：小道具を作り，視覚的な理解を試みた。

△小道具を製作した労力は認めるが，どんなことを意図した小道具だったのか，実際に発表してみて効果的であったのか，各自が振り返るべき。
△分担が明確でなかったために，混乱が見られた。〔ＡＴＬ：協働スキル〕
■準備の段階でもっとできることはあったはず…。〔ＡＴＬ：自己管理〜整理整頓する力〕

グループC：パソコンで背景や効果音を流しながら同時に朗読をした。

◎イメージしやすいように映像や効果音を使っていたのは，臨場感が出て，効果的であった。
◎朗読が苦手な人の分もカバーしようとするチームワークの良さがあった。
　　　　　　　　　　　　　　　　　　　　　　　〔ＡＴＬ：協働スキル〕
◎映像だけでなく，演技も入れているところがバランスが取れていた。
△ボリュームのコントロールが必要。どうしても声が機械音に消されてしまい，印象に残らない。
■パソコン技術と人間の身体表現のコラボに挑戦した点は高く評価したい。
　　　　　　　　　　　　　　　　〔ＡＴＬ：リサーチ〜メディアリテラシースキル〕

4．振り返り「人前で発表する際，非言語的コミュニケーションを使うべきか」
　立場を明確にした400字程度の作文を書くことで，非言語的コミュニケーションの効果を検証し，自分の身に引き付けて総括する。そして，今後のスピーチやプレゼンでの実践に活かしていく。
◆《生徒の振り返り》

使うべき派

　私は人前で発表する際に非言語コミュニケーションを使うべきだと考える。なぜなら，ジェスチャーや声のトーンを言葉と一緒に使うことによって言葉で伝える以上に相手に深く理解してもらうことができるからだ。例を挙げると私は今回学習した「扇の的」でその必要性を感じた。これは古文で現代語訳を読んでも理解するのが難しかったが，体を動かし，表情を変え，音を加えることによって，物語が映像化され登場人物の心情をより深く理解することができた。また，発表の場においても場面や内容によって声のトーンやジェスチャーを使うことで聞き手も話に引き込まれ聞こうとする気持ちが高まり一体感が生まれる。今回の学習や私の発表の経験から非言語コミュニケーションは相手の伝えたいこと

をより深く理解できる効果のある力強い伝達手段の一つで，これを自分なりの主張をしたいところに使えば発表もより発展すると考える。

使うべき派

　私は人前で発表するときに非言語コミュニケーションは必要だと思う。例として2020年のオリンピックの会場をどの国にするかを決める会議で，滝川クリステルさんは「おもてなし」と言った。これは日本を例えるのにぴったりな言葉である。しかし，ただ単におもてなしと言っても，あまり効果が見られない。そのため滝川さんは身体動作であるジェスチャーを使いおもてなしと言った。さらに身体特徴の一つである笑顔で言った。これらの身体動作や身体特徴を使うことにより聞き手に良い印象与えることができるジェスチャーを使うことによって日本のおもてなしとは何のことなのかをはっきりさせ，また笑顔で言うことでおもてなしという言葉の明るさを聞き手に伝えることができ，オリンピック会場決定の決め手になったに違いない。

使わない派

　僕は非言語的コミュニケーションを使うべきではないと思います。特にスピーチや演説のときに使うべきではないと思います。確かに視覚的な情報や身体動作が脳に与える影響は大きいので，ついついそちらに気がいってしまいがちです。しかし，本当に重要なのはその人が何を伝えたいのか，すなわち「言葉」です。言葉というのは，どうしても視覚的な情報や感覚に比べて理解が遅れてしまいがちです。

　しかし，スピーチ等で本当に伝えたい情報は「言葉」でしか表現できません。人というのは，ついつい見た目やその人の特徴的な部分を見てしまい，言葉が入ってこないことがあります。なので，スピーチや演説で自分の本当に伝えたいことを言葉で表現するのならば，非言語的コミュニケーションを最小限に抑えしっかりと聞いている相手に言葉を届けることが必要です。

7 ルーブリック

　作文・レポート・発表など多彩な成果物を総括的課題として評価するため，単純に○×で採点することはできません。生徒の成果物がどこまでできているのかを，ＩＢが示している評価規準表に照らし合わせながら到達度を生徒に通知していきます。ＩＢの評価規準表は，教科目標と整合性があり，汎用性が高く抽象的なため，どんな課題にも対応できます。その一方で広域すぎるため，課題の目標がより明確になるように個別の課題に合わせた目標の到達度一覧（ルーブリック）を生徒に示すようにしています。そのことで，その課題で何をどのように取り組めばいいのかという方向性を生徒自身が考えることができ，より高い到達を目指して学習することができます。

　では，中学２年生で扱った説明文の課題のルーブリックの一部を紹介します。

> 課題：『科学はあなたの中にある』の筆者の視点は『モアイは語る』の内容にもつながる点がある。あなたの身近な出来事や現象と重ね合わせながら，その共通する視点や物の見方について述べなさい。

到達度	ルーブリック
7-8	□具体的で効果的な出来事や現象を挙げて説明ができている。 □２つの文章の共通する視点を見いだし，詳細かつ明確に説明できる。
5-6	□具体的に出来事や現象を取り上げている。 □２つの文章の視点について適切に指摘できる。
3-4	□２つの文章の視点を見いだし，事例との関連性があることを指摘できる。
1-2	□２つの文章の視点を見いだせない，もしくは見いだしても，事例との関連性が乏しい。
0	上記の説明に記載されるどの標準にも達していない。

〔生徒作品例〕

　どちらの筆者も今の人類の行動に警鐘を鳴らしていることが最大の共通点だと思う。「科学は…」の筆者は科学技術，すなわち「核」の発達は人類に便利性をもたらすとともに，戦争の兵器などにも使われかねず，まさに「諸刃の剣」ともいえた。他方，「モアイは…」の筆者は人類の現状とイースター島で起こったことを照らし合わせ，森林の破壊は人類の滅亡へとつながるとした。〔5-6：２つの文章の視点について指摘できている〕
　両者ともに「人類の興亡は私たちがどうしていくかという選択次第だ」ということを伝えたかったのではないだろうか。〔5-6：２つの共通する視点を説明できている〕

自業自得という四字熟語に表されるように，自分の行いは良くも悪くも自分に返ってくる。例えば宿題を忘れてスタディーホールになるのも，体操服を忘れて体育の授業に参加できないのも自業自得。〔5-6：具体的に例を取り上げている〕
　しかも，地球全体のことになるとどうだろうか，森林を破壊しつくしてしまったり核戦争が起こってしまうのもまた自業自得。しかし，それは関係のない人々を巻き込み，大変な迷惑をかけてしまう。それを意識して生活しようというのも筆者のメッセージだ。〔7-8：明確な説明ができているが，自業自得の側面と他者との関係についての詳細な説明がほしい〕

評価の進め方

1．1-2のマークバンドの説明を上回るかどうかを判断する。
2．上回ったら，3-4の説明を満たしているかどうか，さらに，その上位の説明を満たしているかどうかを検討していく。
3．マークバンドの説明に当てはまらない説明にたどり着くまで行い，その手前のマークバンドが生徒の到達度になります。
4．上記の例のように，5-8まで幅がある場合もあります。このように低いマークバンドの説明を満たさず，いくらか上位のマークバンドに該当する場合も起こりえます。その場合は，教師としての高度な判断をもとに決定します。
　その際，生徒がどこまでできていて，この成果物の評価を受け取った生徒が，その後どんな点を伸ばせばいいのかが明確になる数値を示します。

振り返り

　通知されたマークバンドをもとに，生徒は，「なぜこの数値になったのか」を振り返り，「どこまでできていて，何を今後していけばいいのか」を見つけていくことが大切です。
　例えば，この生徒の評価規準Aの成績として「7」を決めたとします。すると，生徒はルーブリックと照らし合わせ，「自分の作文は5-6の到達度は充分にクリアできている，例の取り上げ方や文章の視点について適切に見つけることができている」ということを認識できます。そして，「例を効果的に活用すること」や「詳細に説明すること」に課題があることに気づけます。

8　豊かな学びへのサイクル

多様な表現方法を評価する

　十人十色，千差万別，まさに生徒一人一人が唯一無二の存在です。それにもかかわらず，個よりも集団としての評価を優先する教育活動の中では，生徒の個性をどう活かしていくのか，個々の能力をどう評価していくのか，という点についてはなおざりになっていたことかもしれません。一から十まで手取り足取り繰り返し叩き込んで，十できるまで繰り返しドリルワークを続ける…極端な言い方かもしれませんが，その教育方法では教員も生徒も疲弊していきます。また，学んだことの表出方法として，時間制限があり，答えが1つになるようなテスト方式だけに限定されてしまうと，生徒の表現方法は一本化し，価値観が狭くなってしまいます。生徒はロボットではありません。できることもあれば，できないこともあります。向き不向き，得手不得手があって当然です。完璧を求めすぎていたのではないかという自省も含め，生徒の凸凹を個性ととらえ，どう伸ばすのかを重視していくためにも評価の仕方を変えていく重要性をひしひしと感じています。

　グローバル化した世界で「個の表現」というのはますます求められます。なぜあなたはそう思うのか，どうしてそれが良いのか，など自分の思いや考えを表現する場面に直面することは明らかです。自分を表現するといったときにその方法に正解などありません。どれだけ自分で考え，その場にふさわしい表現で，相手に理解をしてもらえるかが問題です。一人の人間としての力を評価するためには，課題の出し方を工夫し，多様な表現方法を認めることが大切でしょう。

ＩＢ教育によって変わる

　「ＩＢ教育を取り入れていくことでどんなメリットがあるのでしょうか？」とよく聞かれることがあります。それは「生徒も教師も自律的な成長ができる」ことがメリットの一つとして挙げられます。逆向き設計の単元計画によってゴールが明確なため，生徒は自律的に学習を進めていくことができます。そして，挑戦的な課題に取り組む中で，すでに学んだ知識やスキルを活用し，試行錯誤しながら新しい知識とスキルを習得していきます。

　また，概念学習によって生涯にわたって学ぶ力が身につき，グローバルな文脈によって実社会との関連を考えながら学ぶことができるので，学ぶ意味を実感しながら意欲的に学習していくことができます。知的好奇心がくすぐられた生徒は自発的に探究心を発揮し，「もっと学びたい」「学ぶことが楽しい」という肯定的な学習経験を積み重ねることができます。これら一

連の学習を効果的に評価することで，生徒には自律的で創造的な力が培われていきます。

そして，教師にとっても発想の転換が求められます。指導書に頼りながら教科書の内容をこなす授業ではなく，「今世界でどんなことが起きていて，どう向き合い解決できるのか？」「生徒たちが社会に出る将来はどんな社会になっていて，どんな力が必要になるのか？」という現状分析と未来予測を常に考えた授業になってきます。授業を設計するために，教師自身が探究心と好奇心をもち，創造的になっていくのです。

例えばコミュニケーション力を高めるために，どんな方法があるかな，生徒にとって新しい挑戦は何かな…などと思考を巡らせていくことで，様々な学習活動を生み出し，創意工夫していくことになり，授業づくりが楽しくなってきます。

そして，新しいことに取り組むことで教師自身も評価されることにワクワクしたり，自分の授業にどんな意味や効果があったのかを確認したくなったりします。そして，振り返りや他の教員の情報交換の場を求めるために外の社会とのつながりを大切にするようになります。学校という小さい社会だけでなく，自分を試す場を求めることによって新たな学びを得られたり，スキルアップにつながったりします。こうして，教師自身も成長していくのです。

もっと教えて！ほづみ先生

課題の出し方や評価の方法で工夫していらっしゃるところをもっと教えてください。

私の学校では次の3つのことを工夫しています。
ＭＹＰでは先の章でも触れている通り，(1)課題の目的を明確にすること，(2)評価規準を明示すること，(3)学問的誠実性を宣誓させることを重視しています。ですから，課題を出すときに，私は次の3つの資料も一緒に渡します。

1. **課題の目的**：Goal（課題の目的），Role（生徒が果たすべき役割），Audience（課題における対象者），Situation（課題設定の背景や状況），Product（成果物），Standards（評価規準，求められる質），頭文字をとったGRASPSの観点で課題の趣旨や目標を明確に示します。そのことで，生徒は課題の趣旨や意義を理解することができます。
2. **クライテリア評価表**：今回の課題ではどの基準で評価されるのか，ルーブリックを用いた到達度をあらかじめ示します。どの観点に力を入れて取り組めばいいかが分かります。
3. **Declaration of Authorship**（自らのオリジナル作品であることを宣言する用紙）：「課題を完成させるための所要時間，推敲回数」「資料の種類やアドバイスをもらった人物」「自己評価」「気づきのポイント」など独自の作品であることが分かるように生徒は記載します。その上で，「盗用禁止ルール」を確認して生徒直筆のサインをします。

このような事柄を添えて課題を出すと，生徒たちのモチベーションも上がり，さらに意欲的に取り組むようになりますよ。

コラム④　リフレクション・トーク

ユタカ先生：先生から授業づくりの方法を学んで，自分でも試してみたくなりました。先生は授業を作るとき，どうしようかと悩むことはありませんか？

ほづみ先生：そんなときは「概念」に戻ります。行き詰まったときにはユニットプランに立ち戻り，何を学ばせたいのか，どの概念でつながりたいのかをもう一度見直します。すると，自ずと学習方策が見えてきます。

ユタカ先生：生徒たちにとって課題が難しいと感じるときもありますよね？

ほづみ先生：「創造性を求める課題が多いですね」とよく言われます。生徒は，自分らしさを表現することや新しいものを生み出すことに難しさを感じているようです。

ユタカ先生：でも，その「創造性」が将来のどこかにつながっていくのですよね。

ほづみ先生：「創造性」を求める課題を通して，生徒たちは外の世界に向かっていく，自立していく力が養われていると思います。自発的に社会につながっていく活動が多いので。

ユタカ先生：「創造性」は重要概念の一つですが，生徒たちは「概念」をどんなふうにとらえているのでしょうか？

ほづみ先生：中学生ではまだ「概念」を理解することは難しいかもしれません。でも，教師が「概念」から発想して授業を組み立てているので，生徒にもその発想が通じていると思います。1年間の単元を通して，生徒たちの中に「学びがつながっていく」様子が感じられます。概念の定義を教えられて理解するのではなく，学んでいく中で，だんだんと生徒自身が概念をつかみ取っていく感じがします。「創造性」という概念なら，国語で俳句を作ることも，体育の授業で仲間同士でダンスを作ることも「創造性」です。他教科でも同じ概念を繰り返して扱うことから，国語だけで直結的に理解させるというよりは，時間をかけて間接的にじわりじわりと生徒自身が概念の枠組みを広げていくものと考えています。そして，学んだ「概念」を他の場面でもいろいろと使えるようになっていくのだと思います。

ユタカ先生：「概念」を取り入れることで，授業づくりに変化がありましたか？

ほづみ先生：自分の授業の作り方が変わったという実感があります。「概念」が入ってやっとIBの理念をどうやって目指すのかが明確になりました。それまでは，ぼんやりしていたのですが，授業を進めながら「概念」を常に振り返り，学習に必要と思うことをどんどん入れられるようになりました。今と未来を意識しながら，カリキュラムが作れるようになりましたね。

第5章
授業実践編

ユタカ先生

「言語と文学」ではどんな授業があるのか、もっと知りたいのですが。

海外のインターナショナルスクールで、長年のご経験のある先生方に授業を紹介していただきます。日本語が第一言語の生徒に、日本語で「言語と文学」の授業をしているのです。MYPならではの授業を見てみましょう。

ほづみ先生

対象：中学3年生

1 状況に生きる人間像の探究
―『故郷』トレーラー制作を通して―

1 ユニットプランナー

重要概念	関連概念	グローバルな文脈
変化	登場人物　コンテクスト	アイデンティティと関係性
探究テーマ		
文学作品は状況の中で生きる人間を描き出す。		
探究の問い		
事実的問い：登場人物はどのように描かれているか。 概念的問い：社会状況は小説にどう影響をもたらすのか。 議論的問い：時代や地域によって小説の解釈はどう変化するか。		
評価のための課題と評価規準		
①映像トレーラー制作　（C創作） 　視聴者に対するメッセージを設定し，作中から適切な引用をし，効果的な映像を制作する。 ②小論文　（A分析　B構成　D言語の使用） 　異なる文化的背景をもつ読者による多様な解釈。社会集団の描かれ方を分析する。		
ATL		
批判的思考スキル：テクストと社会状況との関わりについて考える。 創造的思考スキル：アイデアを映像トレーラーや小論文のスタイルで表現する。		
学習者像		
知識のある人：小説の書かれた当時の時代背景や，現代の社会状況について知る。 コミュニケーションができる人：グループで協力して課題制作に取り組む。		

2 ユニットのねらい

　文学作品はその国の時代状況を理解するのに大変有効なメディアです。なぜなら，登場人物を通して，その時代状況の中で生きる人々の想いを読み取ることができるからです。
　魯迅の『故郷』は20世紀初頭の中国の激動の時代状況を照らし出している作品です。本ユニ

ットでは，この作品の登場人物から，過酷な時代状況の中で生きる人間の姿を考察し，作品の主題を多角的な視点から分析していきます。将来，難しい社会状況に出会ったとき，自分ならどう生きるのか，中学3年生の生徒たちに考える機会にしてほしいと思い，設定しました。

3 学習のプロセス

1次	1時	魯迅の生涯と，当時の中国社会について学習する。
	2時	探究テーマの確認。本文通読。
2次	3時〜5時	テキストを場面ごとに読解，分析する。 　故郷の情景描写，登場人物の分析（過去と現在），故郷を離れる想い
	6時	異なる時代，異なる国の読者の読みを考察する。
3次	7時	映像トレーラー制作　目標の確認，絵コンテ制作
	8時	映像編集，朗読録音
	9時	映像トレーラー発表会
4次	10時	最終課題　小論文

4 授業の様子

(1)作品の背景と探究テーマの理解

　作品の背景にある歴史的コンテクストを理解させるために，魯迅（1881〜1936）の人生と中国の歴史について解説します。魯迅が仙台留学中に医者から文学者に転向した背景，帰国後の活動と『故郷』執筆の経緯について押さえておきます。また，清王朝崩壊から孫文の民主共和制，袁世凱の軍事政権へと移る激動の歴史について学習します。これらの知識は，探究テーマの「状況の中で生きる人間」について考察するためのベースとなります。さらにテキストの解釈に多様な視点をもたせるために，魯迅が留学していた大正時代の日本の歴史的状況についても調べます。調べた内容をもとに，明治末期の人々の暮らし，代表的文学作品，大正デモクラシーについて発表します。

　第2時には，探究のテーマを意識させるために「状況に生きる」という言葉のイメージを付箋紙に書き，話し合いました。どの時代でも人は状況と無関係に生きていくことはできません。現代の私たちも，環境破壊，情報化社会，社会的鬱など複雑な状況の下で生きていることについて考えます。そして，「人は社会に疑いをもちながらも，状況との関わりから目を背けず，絶望せず状況を乗り越え生きていく」ことを念頭に置き，作品を読みます。

(2)テキストの内容理解

　『故郷』を6つの場面に分けて分析していきます。場面1では，風景描写に象徴される農村の現状と私の心情，場面2の母や甥との対面のシーンでは，私の心情と家族の様子から当時の社会背景を読み取ります。場面3では子ども時代の閏土の描写を押さえます。

　場面4のヤンおばさんとの再会では，エゴイズムと粗暴なエネルギーをもつ民衆と知識人の私がもつ無力感について考えていきます。そして，閏土の幼少期からの変化について分析し，その要因を推測します。そして，「悲しむべき厚い壁」の意味について考えます。

　故郷を離れる場面6では，主人公の寂寥感，孤独感と次世代の子どもたちに託した希望について分析します。1920年代，軍事政権下の中国の現実を描くことで，それを否定し変革を求め，人々の新しい生活を築かねばならないという作品の主題を押さえます。

　これまでの読解をふまえ，次のようなケースを想定し，ペアで話し合います。

> ケース1：もし，現代の日本の若者が『故郷』を読んだら，どのように解釈すると思うか。
> ケース2：『故郷』を2人の人間が読んだとき，その読みと解釈はどのように異なる可能性があるか。
> ケース3：『故郷』が別の時代に，別の場所で，別の言語で，または別の受け手のために書かれていたなら，どのように違っていただろうか。また，それはなぜか。

(3)映像トレーラーの制作と発表会

①トレーラー制作に向けての3つのステップ

　トレーラーとは，映画の予告編映像のことです。第7時では，これまでの学習の成果を『故郷』の映画トレーラーで表現させます。本ユニットの探究のテーマである過酷な状況下での人間の変化に対する悲しみ，苦しみを表現することを求めます。次のような指示を出しました。

> Step1：実際に様々な映画のトレーラーを見て，どのように観客を惹き付けるためのテクニックが用いられているかを研究しましょう。
> 　注意点：■描写：主題をイメージさせる風景等の描写の用いられ方
> 　　　　　■音響効果：バックミュージックやその他の音（騒音，雑音，自然の音）等がどのように用いられているか。
> 　　　　　■アングル：映像がどのように撮影されているか。遠地から写されているか。近くからアップでとられているのか。
> 　　　　　■ナレーターの語りやテロップの文字がどのように入っているか。

■会話等が入っているのか。
Step2：『故郷』の作品を読み返し，トレーラーの構成を考えましょう。
1　誰を対象としてこの映画を作成しますか。（10代の若者，40～50代の中年層等）
2　何をこの映画化された『故郷』のメッセージ（主題）としますか。
　　例）10代の若者であれば，未来への希望，公平な社会を構築することの大切さ等
3　決定した主題を見る人に印象づけることができる場面としては，作品のどの場面が適切ですか。いくつか選んでみましょう。
4　登場人物の会話，台詞等で作中のどの台詞をそのまま入れてみたいですか。ハイライトしてみましょう。
5　音響効果（バックミュージック，音声，登場人物の声等）としてはどのようなものを考えていますか。
Step3：トレーラーを制作しましょう。
1　トレーラーなので2～3分程度の作品にしましょう。
2　『故郷』の作品の中で一番伝えたいメッセージに焦点をおいて，トレーラーを作成しましょう。

＜生徒作品例　『故郷』トレーラー　絵コンテ＞

以上のことを確認し，3人一組のグループで制作に取り組みます。生徒たちは，インターネットで1920年代の中国のイメージを探し，活用していました。

発表会では，映像上映の後，制作意図のスピーチをして，互いに感想交流をしました。

＜制作意図スピーチ＞

「トレーラーは20年前と現代の中国の時代背景の差というものを焦点において，映画を作ってみました。音楽はYouTubeで，映像に合う曲をもってきました。20年前の閏土と私の風景の後に現在の閏土や私，ヤンおばさんの姿の変わり様を入れてみました」

＜生徒感想＞

「このトレーラーでは最初の暗い海のシーンが社会の闇や中国の時代背景を表していたと思います。最初にポジティブな期待のメッセージをおいて，ＢＧＭが前向きなJ-POPで明るい感じにしていて良かったと思います」

評価は，次のCriteria C「創作」を規準に，グループ評価で行います。

この課題で何を評価するか	この課題でどのようなことがよくできるか
ⅰ．創造的プロセスへの個人的な関わりから生じる新しいものの見方や考え方を探究しながら，考えや想像を表すテクストを創作する。	『故郷』のメッセージ（主題）をきちんと理解し，それを伝える場面や音響などのテクニックを考え，トレーラーが作られている。
ⅱ．言語的，文学的，視覚的な表現の観点から，受け手に与える影響を認識したスタイル（文体）を選択する。	対象を（10代，50代，外国人等）をきちんと決め，そのターゲットの人を引きつけることができる表現を用いている。
ⅲ．アイデアを育むために，関連する詳細情報と実例を選び出す。	『故郷』作中から適切な台詞，場面を抜き出し，音響など主題を効果的に伝えるために適切に用いられている。

(4)最終課題『故郷』論文

①論文課題の提示

　本ユニットで学習した成果を論文でまとめます。次のような問いの中から，1つ選択します。

課題：次の質問のうち，1つに答える形で論文を書きましょう。

＜読者，文化，テクスト：どのように読者や文化によって，テクストが異なって解釈されるか＞

問1：『故郷』を二人の異なった人間が読んだとき，その読み方と解釈はどのように異なるか。

　例1）現代を生きる日本人と中国人がどのように解釈するか。

　例2）作品当時の中国人と日本人がどのように解釈するか。

問2：『故郷』が別の時代に，別の場所で，別の受け手のために書かれていたなら，どのように違っていただろうか。また，それはなぜか。

　例1）『故郷』を第二次世界大戦中の日本人と大戦後の日本人がどのように作品を読むか。

　例2）『故郷』の解釈が現在の先進国と発展途上国ではどのように異なるか，それはなぜか。

　例3）『故郷』が共産主義国のために書かれていたら，どう作品が変わっていたか。

　例4）『故郷』がもし現在の十代の若者向けに書かれていたら，どのように異なっていたか。

　例5）『故郷』を現代の女性と男性がどのように解釈するか。

②生徒作品について
　この課題に対して，生徒Aは「上級階級と貧民階級の人間が『故郷』を読んだ場合の解釈の違い」と題して，1982字の小論文を書きました。ここで，冒頭と結論部分を紹介します。

> 　魯迅の『故郷』は第一次世界大戦後の中国の，エリートとして裕福な家庭に生まれた「坊ちゃん」のわたしと庶民階級の家庭に生まれた閏土の複雑な関係を用いて，当時の破綻した社会が齎す人々の変貌を描いている。この作品が執筆された1921年は生まれた家庭によって人生が決まる社会であった。それとは対照的に，現代の中国社会では生まれた家庭に関係なく平等な権利を与えられ，努力と教育を積み重ねた者は富豪となる。では，現代中国の上級階級の成功者と貧民階級の人間がこの作品を読んだ場合，どのような受け止め方の違いが現れるだろうか。…（中略）…
> 　本文の最後の「わたしの望むものはもともと地上に道はない。歩く人が多くなれば，それが道になるのだ」からわたしの「自分は経験できなかった秩序と平和が保たれた社会を創ることは，皆がそれを望み努力を重ねることでのみ達成できる」という姿勢が伺える。良い社会が築かれる明るい未来への希望と執念を持っている。しかし現代の中国の富裕層の361万人がこの作品を読んだ場合，本文のわたしの意志にさほど共感できないだろう。まず，この富裕層の人々は自らの暮らしに満足しているため，社会の変化を心から欲することはない。また，農村部と住んでいる地域が大幅に異なるため，幼少期でわたしと閏土の間に存在した強い友情が芽生える可能性は無に近い。最後に，内部大開発は安い賃金で労働力を得ることを困難にし，富豪のビジネスや暮らしに悪影響を及ぼすため，自己中心的な富豪は『故郷』のわたしに同感することは不可能である。
> 　現代の中国の上級階級の成功者と貧民階級の人間がこの作品を読んだ場合，どちらもこの作品の登場人物の思想に共感できないだろう。この不同意は100年近くの時代の進歩による置かれた状況や環境による価値観の変化によるものだ。よって過去と現代の中国人の意見の差は，時代がその人々とともに確実に変化している証拠とも言えよう。

③評価
　この論文に対する評価は次の通りです。

> ＜評価　コメント＞
> 　課題として出した６つの選択肢から適切なものを選んで解説することができています。中国社会の歴史的な背景を説明した後で，現在の労働者階級がどのような立場にあるのか，そしてそのような立場にあるからこそ，当時の労働者階級にあったルントウやヤンおばさ

んをどう見るのか，根拠を用いながら述べることができています。作品からの引用を用いることで，ルントウやヤンおばさんの様子もよく分かるように書けています。少し用いられている言葉で不適切に感じるものもありましたが，全体的に高度な語彙を用いながらよく書けていると思います。

5　本ユニットの到達点と今後の課題

　本ユニットでは『故郷』を歴史的コンテクストに照らし，過酷な状況に生きる人間のあり方に焦点をあてて展開しました。ディスカッションで作品分析の視点を与えて考察を深め，映像トレーラーの制作に取り組ませた過程は効果的でした。登場人物のイメージを映像と台詞の朗読で表現することで，当時の人々の心情を内面から理解することができたと思います。しかし，最終課題の小論文では，登場人物の分析は的確であったものの，経済的状況だけに焦点をあて，現代の中国では作品の価値観は理解できないという結論に至っていました。孫文の三民主義などに焦点をあて，本作品の希望を現代の民主化運動に照らして考察させる方向もあったと考えられます。今回のユニットの目標として，作品をメタ的な視点から解釈するための概念「登場人物，コンテクスト，アイデンティティと関係性」の定着は達成できたと思います。

学校紹介　　**NIST INTERNATIONAL SCHOOL BANGKOK**

　本校は1992年に創立されたタイのインターナショナルスクールです。バンコクの市内中心部スクムビットにあります。ＰＹＰからＭＹＰ，ＤＰまで，タイ，アメリカ，日本をはじめ50カ国から来た生徒が学んでいます。様々な国の人々と共通点を見いだし，グローバルな共通の価値観を育むことを目指しています。

（山田　浩美）

対象：中学３年生

2 詩の可能性
―原爆詩朗読会―

1 ユニットプランナー

重要概念	関連概念	グローバルな文脈
コミュニケーション	目的　自己表現	個人的表現と文化的表現
探究テーマ			
文学は人々の思考や感情を（たとえ，それが悲しみや憎しみといった負の感情でも）美へと変容させ，作者の創作動機を後世へと伝えることを可能とする。			
探究の問い			
事実的問い：原爆詩にはどのような表現上の特徴があるか。 概念的問い：なぜ人々は悲しみや憎しみ，怒りを抽象的・芸術的な手法で美に変容し自己表現をしようとするのか。 議論的問い：記憶継承の手段として文学（原爆詩）は有効か。			
評価のための課題と評価規準			
原爆詩朗読会　企画書作成　（A分析　B構成　C創作） 　朗読の開催目的を設定し，詩の選択，朗読の順番など，朗読会をプロデュースする。			
ATL			
協働スキル：グループで朗読会を企画運営する。 創造的思考スキル：詩を読み，効果的な伝え方や，印象に残る企画内容を考える。			
学習者像			
心を開く人：様々な立場の聞き手，イベント参加者を考慮し企画を立てる。 振り返りができる人：記憶継承の手段としての文学の役割について考察する。			

2 ユニットのねらい

　戦後70年以上が経ち，被爆者の高齢化が進んでいます。被爆体験を引き継ぎ，語り継ぐことは我々の世代の重要な課題です。原爆の記憶を風化させないため，被爆体験を継承していく手段について生徒と共に考えたいと思い，この単元を設定しました。継承してゆく手段の一つと

して原爆詩の朗読会を企画し実施することで、生徒たちは単なる記憶の受け手ではなく、記憶を語り継ぐ側に立つことができます。朗読会企画の課題を通して、詩の鑑賞だけでなく、詩ひいては文学の役割や可能性について考えていきます。

3　学習のプロセス

1次	1時	「世界終末時計」を通して、原爆を現在そして未来の問題ととらえる。
	2時	被爆体験を継承する手段の多様性について考える。
	3時	記憶を継承する手段としての文学について考える。
2次	4時	原爆詩を解釈する。
	5時	解釈の発表交流から、詩の社会的役割や可能性について考える。
3次	6時～8時	原爆詩朗読会の企画書を作成する。 練習。リハーサル。
	9時～11時	原爆詩朗読会を実施する。
4次	12時	記憶を継承する手段としての文学について再び考える。

4　授業の様子

(1) 記憶を継承する手段としての文学

　はじめに、核の脅威は現在も進行形であることを理解させるために、「世界終末時計」を針を示さずに板書します。午前零時が世界滅亡の時間であること、現代史の中で残り時間が変遷してきたことを伝えます。そして、今現在の時計の針が何分前を指すか、グループで考え発表させます。最後に教師から原子力科学者が発表した最新の残り時間とその根拠を知らせます。

　第2時では、広島の原爆ドームと長崎の平和祈念像の比較考察をします。現物を残し惨事をありのままに伝える原爆遺構と悲劇を抽象化、シンボル化したモニュメントの特徴やメッセージ性などについて話し合います。これは被爆体験を継承する手段としての原爆詩の可能性や限界を考察するベースとなります。ヒロシマやナガサキに関連する知識が共有でき、理解も深まります。

　第3時では、原爆体験の記憶を継承する9つの手段についてダイアモンド・ランキング・ストラテジーを使って、グループで話し合い、有効性をランクづけします。継承手段は、当時の写真、被爆者インタビュー動画、被爆者の体験記、原爆の抽象画・彫刻、原爆詩・俳句、原爆絵本、平和絵画、原爆漫画、原爆小説の9点です。悲劇を抽象化させることの是非について考

えさせます。

(2)原爆詩の読解と解釈

峠三吉「序」，栗原貞子「折り鶴」「ヒロシマというとき」「生ましめんかな」，国立広島原爆死没者追悼平和祈念館のサイトに掲載されている詩などを用意します。グループで感想交流し，1篇選び，模造紙に手書きします。「事実的問い」の探究として，一つ一つの言葉の意味，解釈，表現技法などを書き込みます。「探究のテーマ」は教室に掲示し，負の感情を詩という美に変容させた作者の創作動機についても考えるよう促します。

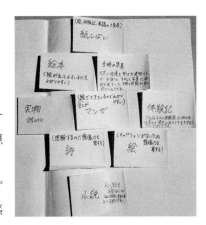

また，各グループの代表者に話し合った内容を簡潔に発表させます。「議論的問い」で挙げた記憶継承の手段としての文学（原爆詩）の有効性について考えていきます。

(3)原爆詩朗読会企画書作成，朗読会実施

原爆詩朗読会の企画書づくりをグループで取り組みます。詩の選択，構成，演出を考えることを通して，作品の解釈を深めます。「概念的問い」で示した人々が負の感情を抽象的・芸術的な手法で美に変容し自己表現する理由も考えるように促します。

朗読会の企画を立てるにあたり，国立広島原爆死没者追悼平和祈念館の被爆体験記朗読会や吉永小百合さんの原爆詩朗読の様子を紹介しました。企画については次のような指示を出し，企画書の他に朗読会用のスライドや発表原稿やメモも作成するよう伝えました。

あなたたちは原爆詩朗読会（35分程度）の開催の責任者です。企画書を作成してください。企画の内容やねらいを丁寧に説明してください。詩は必ず3篇入れること。詩の特徴を効果的に表現する構成や演出を心がけてください。

企画書には以下の情報を含めること。
・イベント名　・対象者，人数　・日時，場所（部屋のレイアウト）
・朗読会の構成　・選んだ詩の解説，選択の理由　・朗読する順番，朗読の仕方の説明
・音楽や動画・画像の活用など，その他の工夫について，詩の特徴を効果的に表現する構成や演出の意図を述べること。

<企画案の例　グループA>

　グループAは「命の大切さ，原爆の悲惨さを重んじる会」と題して，原爆詩朗読の後，参加者が紙粘土で感想を表現するという企画を立てました。粘土は立体的かつ自由な表現が可能で，参加者の感情を適切に表現できると考えていました。粘土創作のコツは，事前に美術科教諭から指導を受け，プリントを作成しました。企画の構成は次の通りです。

1	はじめ	主催者の簡単な自己紹介　プログラムの説明
2	詩の朗読と解説	1つずつ詩の朗読，詩の解釈，詩の中の重要なキーワードを説明する。
		①林幸子「ヒロシマの空」『小さな祈り』汐文社
		②坂本はつみ「げんしばくだん」『小さな祈り』汐文社
		③峠三吉「序」『原爆詩集』岩波文庫
3	詩の黙読	人数分の詩のコピーを参加者に黙読してもらう。
4	粘土のアクティビティ	参加者が粘土を使って感じたことを表現する。
5	粘土の鑑賞	他の人が作った作品を自由にまわって鑑賞してもらう。
6	むすび	主催者のお礼

　朗読の構成は，当時の情景が描写されている詩，悲しみがストレートに表現されている詩，怒りや願いを表す詩と異なるメッセージを含む3篇を選択していました。朗読の後，参加生徒たちは何度も詩を読み返しながら粘土制作に取り組んでいました。心に残った言葉をそのまま表現した作品や自分の心情を形にした作品など様々でした。お互いの作品を鑑賞する時間では，創作動機や意見，感想を積極的に交換し合う姿が見られました。他者の意見に触れ，自分の思考の幅を広げることができていました。

<企画案の例　グループB>

　グループBは「将来につながる子供たち〜子供と原爆〜」というタイトルで，子どもから見た戦争を伝える企画を立てました。そのため，ひらがなを多用した詩を4篇選択しました。
　①坂本はつみ「げんしばくだん」『小さな祈り』汐文社
　②柿田佳子「おとうちゃん」『小さな祈り』汐文社

③かくたにのぶこ「先生のやけど」『小さな祈り』汐文社
④峠三吉「序」『原爆詩集』岩波文庫

　峠三吉「序」はひらがな表記のため，生徒たちははじめは子どもの詩と勘違いしましたが，調べていき，幼少時代に書いた詩ではなく，表現技法として作者がひらがなを選択した作品であることに気づきました。そして，ひらがな表記による純粋さと復興への願いの強い思いを受け止め，朗読会の最後を締めくくる配置にしました。朗読では，反復表現が際立つように心がけていました。このグループは，原爆詩のみでは戦争の悲劇は伝わりにくいと考え，原爆の犠牲となった子どもの三輪車の写真や被爆者が描いた絵，広島平和記念資料館から送っていただいた原爆に関するポスターを紹介しながら朗読しました。

＜生徒の詩の分析例1＞

柿田佳子　「おとうちゃん」
　この詩は戦争によって父親を奪われた，小さい子どもの想いが鮮明に描かれており，同情を誘う。ほとんどがひらがなで書かれているこの詩は，使っている漢字の範囲やストレートな子どもらしい感情や気持ちの表現の仕方から，作者はまだ幼い女の子であることが読み取れる。詩全体に渡って繰り返される，単語「おとうちゃん」が印象的だ。そのままタイトルにもなっているこの言葉は，戦争によって父を奪われた小さな娘のやりきれない思いを強調している。三行目に書かれた「げんばくのくもにのっていったおとうちゃん」は，一見，楽しいイメージだが，ここには広島に原爆が落ちたという揺るぎない事実と，それにより奪われた娘の父親の命を暗に示している。七行目の「一どでもいい，ゆめにでもあってみたいおとうちゃん」は，初めて作者がおとうちゃんに会いたいという願いを素直に表している場面。しかし，その一行前で「かおもしらないおとうちゃん」と言っていることから，かおも知らないために，その子の夢の中でさえもいまだに出てこないという悲しい事実を表している。一連目の最後の行では，「さばってみたい」という広島の方言で「しがみつく，すがる」を意味する言葉を並べている。広島の方言を使うことにより，この子とその家族がいかに広島に愛着を持っていたかが伺える。これをふまえてみると，詩の一行目にある「にぎやかな広島のまち」も，単なる描写ではなくふるさとへの思い入れがあることを感じ取れ，違った視点から読み取ることができる。まだ幼い女の子目線の詩なので，何も飾らずありのままをストレートに，激しくなく，落ち着いた口調で朗読したい。また，「おとうちゃん」が何度も出てくるので，一つ一つを意識して，あたかも「おとうちゃん」と語りかけるように読んでいく。

＜企画案の例　グループＣ＞

グループＣは，「原爆を振り返る会」を企画実施しました。企画の構成は次の通りです。

1　原爆についてブレインストーミング
　詩の朗読や分析を始める前に，原爆について何を知っているか，小グループで話し合う。
2　詩１：佐藤智子「無題」『小さな祈り』汐文社
　原爆が落ちたときの混乱の感情を表す詩「無題」を朗読し，分析を発表する。
3　「はだしのゲン」の紹介
　原爆の恐ろしさ，悲惨さを知ってもらうために，「はだしのゲン」で原爆が落ちるシーンを見せる。
4　詩２：峠三吉「序」岩波文庫
　原爆が落ちた後の怒りと憎しみを表す詩「序」を朗読し，分析を発表する。
5　黙祷
　怒りや憎しみについて話した後，心を落ち着かせるために被爆者を思い，黙祷をする。
6　詩３：栗原貞子「折り鶴」『栗原貞子詩集（日本現代詩文庫）』土曜美術社出版
　黙祷で落ち着いた後，平和を願う詩「折り鶴」を朗読し，分析を発表する。
7　折り紙アクティビティ
　平和を願い，鶴を折る。折り始める前に折り紙に平和への思いを書いてもらう。

　この朗読会では参加者がグループに分かれ，原爆について知っていることを話し合うことから始まりました。そして，悲しみと混乱，怒りと憎しみ，平和への願いという３つのテーマに適した３篇の詩で朗読を構成しました。詩への導入の工夫として，怒りと悲しみを伝える詩の前には『はだしのゲン』の原爆投下場面を見せたり，平和を願う内容の詩の前には黙祷の時間を取ったりしていました。最後に参加者全員が平和への願いを折り紙に書き，その折り紙で鶴を折るという流れでした。参加者同士が意見交換をする時間を設けるなど，全体的にインタラクティブな企画であり，机のレイアウトもグループ活動が進めやすいよう工夫していました

朗読会２の様子（グループＢ）

朗読会３の様子（グループＣ）

＜評価規準＞

評価は，次の「分析」「構成」「創作」を規準に，グループ評価で行いました。

この課題で何を評価するか	この課題でどのようなことがよくできるか
規準A　分析 ⅱ．作者の選択が受け手に与える効果を分析する。 ⅲ．例，説明，用語を用いて，意見や考えの理由を述べる。	詩の分析 ・それぞれの言葉のもつイメージや表現技法の特徴を指摘し，その効果や作者の意図を解説すること。 ・自分たちの解釈を説明すること。 ・解釈に至った思考のプロセスやグループでの話し合いの様子を，根拠を丁寧に挙げながら解説すること。 ・適切な用語を用いて述べること。
規準B　構成 ⅰ．文脈と意図に応じた組織的構造を使用する。 ⅱ．意見や考えを，持続的で一貫性のある，論理的な方法で整理する。	・朗読会のねらいに適した構成（詩の朗読順，朗読会全体の流れ）を心がけること。 ・記憶を継承する手段としての原爆詩の長所を生かし，短所（があるとすれば）を補うような構成を心がけること。 ・構成の根拠も明確にすること。
規準C　創作 ⅰ．創造的プロセスへの個人的な関わりから生じる新しいものの見方やアイデアを探究し批判的に振り返りながら，洞察，想像力，感受性を示すテクストを創作する。 ⅱ．言語的，文学的，視覚的な表現の観点から，受け手に与える影響を認識したスタイル（文体）を選択する。 ⅲ．アイデアを発展させるために，関連する詳細情報と実例を選び出す。	・被爆者の方々の伝えたい思いを汲み取り，その心情や願いをいかにして伝えるか，参加者にどう伝わるか等について想像力豊かに考えた跡が見られること。 ・朗読会のねらい，自分たちが伝えたいメッセージが明確であること。批判的に振り返りながら創作に取り組んでいること。 ・朗読会を効果的に実施するための独自の工夫が見られること。

5 本ユニットの到達点と今後の課題

　本ユニットでは原爆詩を題材とし，詩の可能性や文学の役割に触れながら授業を進めました。グループワークを多用することで，ＡＴＬスキルを意識的に実践する機会を多く与えることができたと思います。詩の理解・解釈については，詩を選択したり，朗読の順番を決定したりする過程で主題や作者の意図についての議論を重ね解釈を深めることができたようです。同じグループで作業を続けたことも，解釈をさらに深める上で有効でした。

　悲しみを抽象化することに関しては，賛否両論がありました。賛成意見としては，抽象表現の方がより情念的であり受け手の想像力を刺激する，受け手によって様々な解釈が可能であるなどの意見が出ました。反対意見としては，抽象表現は受け手に解釈が任されるので作者の意図が伝わらない可能性がある，悲しみは写真や動画などより具体的な手段で伝えるべきだという意見などが挙がりました。また，音楽や絵画に比べると言語には限界があるという意見が多く，言葉の限界についての議論が大変盛り上がりました。やや単元のねらいとは外れましたが，言語についてメタ的に思考する有意義な機会でした。

　文学の社会的役割についての議論はやや盛り上がりに欠けましたが，原爆詩は原爆の悲惨さを伝える役割を果たし，モラルや道徳を築くことができるという意見がとくに印象的でした。また，文学は知識を伝達する手段となり得るのではないかという発言もあり，ディプロマプログラムのコアであるＴＯＫ知の理論への格好の導入となりました。

　最終授業で再度ダイヤモンドランキングに取り組ませましたが，詩を前回より上位に配置しようとする生徒が見られました。言語表現には限界を感じつつも，朗読会経験を通して詩には想像以上の可能性があるのではないかという結論に達したようです。

学校紹介　　**INTERNATIONAL SCHOOL OF DÜSSELDORF**

　本校は1968年に創立されたドイツのデュッセルドルフにあるインターナショナルスクールです。1976年よりＤＰを導入し，国際バカロレア認定校として長い歴史を誇ります。日本人生徒が多く在籍し，ＭＹＰ日本語（言語と文学）とＤＰ日本語（文学）を開講しています。

（遠藤　クラム　智子）

対象：中学3年生

3 自分の考えは何に影響されているか
―動物実験の是非についての討論会―

1 ユニットプランナー

重要概念	関連概念	グローバルな文脈
ものの見方	受け手側の受容　文脈	アイデンティティと関係性

探究テーマ
ものの見方は，社会や文化的背景に影響され形成される。

探究の問い
事実的問い：テキストにおいて課題の現状はどう表現されているか。 概念的問い：自分のものの見方に影響を与えているものは何か。 議論的問い：自分と異なる意見や考え方は何に影響されているのか。

評価のための課題と評価規準
①意見文　（A分析　B構成　D言語の使用） 　自己のもつ文化的背景と，社会現象がどのように結びついているかを中心に分析する。 ②スライドの作成　（C創作） 　視聴者に対し，自分の主張を擁護する画像やグラフなどを使用し，効果的にメッセージを伝えられるスライドを制作する。 ③討論会　（D言語の使用） 　視聴者に対し，自分の主張を説得力のある言葉で説明する。

ATL
批判的思考スキル：自分のものの見方が何の影響を受けているのかについて批判的に考える。 コミュニケーションスキル：自分と意見の異なる相手と論理的に話し合う。

学習者像
バランスの取れた人：互いの意見の理由や根拠をふまえながら，話し合いを行う。 振り返りができる人：自分の意見や考えが何に影響されて形成されているのかを振り返る。

2 ユニットのねらい

　本ユニットでは,「動物実験の是非」をトピックとして取り上げます。様々な文化背景をもつ生徒が,自己のもつ動物に対する考えをもとに,討論を行います。家畜,ペットを含めた動物と人間の関係についての考え方は多様です。自分のこれまでの経験以外にも,それぞれの国の文化背景と強い関わりがあるからです。この単元を通して,生徒自身のものの見方や考え方が,自分の経験のどこからくるものなのか,何に影響されているのかを意識させたいと思います。同時に,異なる価値観をもつ人の,相手の立場や考え方の背景を理解し,論理的にコミュニケーションできるスキルを育んでいきたいと考えました。

3 学習のプロセス

1次	1時	動物実験について書かれた記事を読む。
2次	2時	動物と自分との関わりについて意見を書く。 自分の考え方の背景について考える。
	3時 4時	クラス内で,動物と自分との関わりについて話し合う。 自分のものの見方は何に由来するのか,何の影響を受けているのかを確認する。
3次	5時	スライド資料を作成する。
	6時〜 8時	動物実験の是非についてスライドをもとに意見を発表する。 発表をもとに討論を行う。
	9時	動物実験の是非について意見文を書く。

4 授業の様子

(1) 探究テーマとトピックの確認

　はじめに,トピックである「動物実験の是非」に関する記事を読みます。記事に対する自分の意見をもつようにするためです。2013年4月に『AERA』増大号に掲載された「企業　動物実験やめた資生堂が投じた一石」もその一つでした。2013年から動物実験が全面禁止となったEUにならい,資生堂が化粧品の成分の動物実験を廃止したという内容です。イギリスの化粧品会社LUSH（ラッシュ）は創業以来,動物実験をしておらず,廃止キャンペーンも展開していたことも伝えられています。

家族の使用する化粧品の中で資生堂の商標を見たことがないか，ラッシュの製品を購入したことがないか，などを生徒に尋ね，この動物実験に関する問題が学習者にとって身近な問題であることを強調しました。

今後の授業で動物実験の是非について討論をすることを予告し，教師から参考になるサイトを紹介し，それ以外にも必要な資料をリサーチしてくることを宿題としました。

(2) 探究テーマにつながる問いと意見文の作成

まず，文化背景の違いによる動物のとらえ方の差異を象徴する例として，捕鯨に対する考えについて討論しました。欧米系の学校で学んだ生徒は，動物愛護の立場から日本の捕鯨がいかに残酷であるかを指導されてきています。そこで，日本では鯨を食用とする文化があり，給食で鯨の竜田揚げが出されていた時代があったことを紹介しました。こういった，食用とする動物についても文化背景が大きく影響します。こうした討論を通して，動物と人間の関係が自分の属するコミュニティーでどうとらえられているかを考えるのです。

また，話し合われた内容をもとに，自分と動物の関わりについて記述しました。

生徒A：日本人が鯨を食べるのはよくないと思います。なぜかと言うと，鯨は哺乳類だからです。そういう動物は気持ちがあって，殺されることを感じられるからです。私はウサギを飼っていたことがありました。ウサギが死んだとき，すごく悲しかったです。その後私は動物がかわいそうだから一年間ベジタリアンになりました。

生徒B：私にとって動物は食物連鎖の一部であり，私たち人間が生きていくのに必要なものだと思う。私がこう感じるきっかけは，私の家庭にあると思っている。まず，私の家ではペットを飼ったことがない。そのため，動物を家族のように感じる機会があまりなく，動物に対してかわいいと思うことがあっても，食物連鎖の一部のため，かわいそうだとは思わない。

前の時間（第3時）に自分自身が動物との関係からベジタリアンになったという意見が出たため，ベジタリアンについて，あなたはベジタリアンですか，ベジタリアンになった理由は何ですか，あなたの周りにベジタリアンの友達はいますか，という問いかけから討論をしました。

ここで，大切なのは自分の考えが何に基づくものなのかを考えさせることです。探究テーマ「ものの見方は，社会や文化的背景に影響され形成される」を再度確認し，自分と動物との関わり，自分の動物に対するものの見方は何に由来するのか，何の影響を受けているのかを考えるのです。

(3)スライド作成

　動物実験の是非について，自分の意見をサポートするためのスライドを作成する課題に取り組みました。宿題にしていたリサーチをもとに，聞き手に効果的に情報を伝えるため，グラフや表，画像などを活用するよう促しています。こうした課題を通して，視覚的なコミュニケーションのスキルを身につけていきます。

＜動物実験　賛成派　スライド例＞

＜動物実験　反対派　スライド例＞

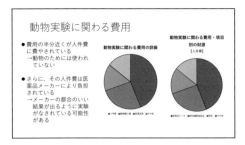
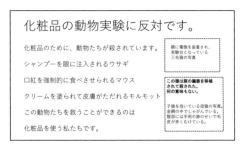

〔注〕生徒のスライド作品はグラフを作成し直し，イラストを著作権フリー素材に変更しました。

(4)動物実験の是非についての討論会

　単元の後半では，調べてきたことをもとにして「動物実験の是非」について討論会を行いました。生徒はスライドを用いながら，それぞれの立場ついて意見を述べていきます。

賛成派の意見	反対派の意見
・動物実験の結果は，人間だけでなく，ペットフードの開発等，動物にも役立っている。 ・動物実験は人間と同じく哺乳類を使用して行ってきたことから，科学技術の発展，医学教育と訓練に貢献してきた。 ・動物実験は動物愛護法に則り，動物実験の３Ｒ	・毎年100万頭ものマウスやラット，犬，猫が実験の犠牲となっていて残酷である。 ・動物と人間の間には種差があり，動物実験の結果を人間にあてはめることはできない。 （ウサギの角膜手術の例） ・動物実験で成功した結果を人間にあてはめるこ

・代替，削減，改善を守って実施されているため，残酷ではない。 ・動物実験に基づき治療法が確立された方法で投薬されている。（自分のいとこの例） ・保健所で処分されるはずの動物を譲り受けて実験しているため，命を無駄にしていない。 ・17世紀ごろから動物実験が行われたが，そのときの残酷なイメージが消えていない。 ・動物実験は安価で効果が得られる。 ・動物実験を行わなければ，ナチスが人間を使用した残酷な実験と同様，人間に実験するしかなくなってしまう。 ・動物実験が動物の権利に反するのであれば，動物園やペットを飼うことと違いがない。 ・今後さらなる科学の発達で，ＣＳや人工皮膚等ですべての代替が可能となるかもしれないが，現時点では途上である。	・とができない割合は92％である。 ・動物実験で安全だと確認されたと誤って確信して人間に使用する方が，かえって安全性に問題がある。 ・遺伝子的には動物よりバナナの方が人間に近いと言われている。 ・コンピューターシミュレーション（以下ＣＳとする）技術の向上により代替することが可能である。 ・動物実験をした化粧品としない化粧品のどちらを選ぶかを問うと，実験しない化粧品を選ぶ消費者が増えている。 ・動物の権利を無視している。 ・動物実験のための動物を飼い続けることは，税金の無駄遣いである。 ・動物実験を行い続けても，新しい治療法によって人間の死亡率を下げることに貢献できていない。

単元の最後には，次の問いに対する意見文を作成するよう，課題を出しました。

問 「あなたの動物実験賛成・反対の意見は，どのような（誰からの，どこからの，何からの）影響を受けていると考えますか」

この問いに対して，生徒は次のような意見を書いてきました。

生徒Ｃ：私は動物実験に反対します。私がこう思う理由は周りの人の影響だと思います。私の学校では，動物を飼っている友達がとても多いです。それらの友達はペットを家族の一部，もしくは家族と同じとみなしています。ペットも人間のように，自分の子どものように愛しているのです。私の父も小さいときにペットを飼っていたので，私の父からも影響されました。周りの人の考えは私の倫理観に影響していると考えます。

生徒Ｄ：私は動物実験に賛成です。私の意見は宗教に基づいてできていると思います。まず，私の家族の信ずる宗教は仏教です。浄土宗では「生き物である命を絶ち，自

分の栄養として取り入れる」という考え方を重んじるため，「自分の為に犠牲になったすべての生き物の命」を「いただきます」という言葉につながっています。動物実験も，食事も動物の命を自分たち人間のためにいただいている，犠牲にしているという点では同じだと思います。だから，ご飯を食べるとき，化粧品や医薬品を作る際に命を犠牲にして私たちを救ってくれている動物に感謝すれば，糧になっている動物も報われると思います。

生徒E：私の意見は，このプロジェクトを始める前は動物実験に反対でした。学校では動物の大切さを頻繁に習っていたので，実験に動物を使うなんていけないことだと思っていました。しかし，プロジェクトを始めてから，グループメンバーの意見やリサーチをしたら，動物実験は必要だと知りました。薬の安全性を確かめないと私たちは飲むことすらできません。

5　本ユニットの到達点と発展課題

　本ユニットでは，現代社会の時事問題を理解した上で，それに対する自分の意見を発表し，討論をする学習活動に取り組みました。またその過程で，自分の意見に影響を与えている経験や，文化的背景について振り返りました。

　クラスでは，帯単元として，気になるニュースを紹介するスピーチ活動を続けています。このユニットを始めてから，動物の扱いに対する記事を発表する生徒が増えました。ロブスターを安楽死させてからしか調理してはいけないと決めたスイスの法律についての記事や，道路に飛び出してきた動物を殺さないよう，何時間も交通規制を行った日本の記事を見つけてきた生徒もいました。それぞれの国に文化的な背景があることをふまえて，スピーチできるようになりました。また，この授業の発展課題として，有吉佐和子『華岡青洲の妻』のドラマを視聴しました。今回のトピックと同様の「医学の発展と生体実験」のテーマが文学作品でも展開されていることを示し，文学への誘いとなる発展課題としました。視聴後の感想文では次のような記述がありました。

生徒F：私は人間に，それも大事な人を使ってまでは医学の発達を望まないと思う。動物で何度も実験をしたからこそ，人間に使える麻酔薬が作れたのだから，動物実験でも十分に薬の性能を知ることはできるはずだ。現在新しく作られた代替法にも様々な問題点があり，確実に成功するわけではない。そのため，やはり成功率が高く，実績もある動物実験は必要だと思う。

生徒G：このドキュメンタリーのビデオを見て僕はとても感心しました。もし華岡青洲の

> 実験がなく，50年も科学が遅れていたなら，今との差がとても大きくなっていたことでしょう。この頃から動物実験を行っていたことが分かりました。僕は討論会のとき，動物実験反対のチームに入り，動物実験は悪いと証明していました。しかし，世界には乳がんで死亡する人も多く，この麻酔がなければ，もっと多くの人が死亡していたはずです。華岡青洲が人間に実験したのは，3匹に1匹の猫が死ぬ確率のテストでしたが，自分が生きている間にいろんな人を助け，いろんな人を元気にしていたことを思うと，動物実験をやった価値を感じます。
>
> 生徒H：華岡青洲は未完成の麻酔薬を猫に注射しました。「動物と人間は違う」と知っていましたが，人間に実験できなかったからです。そこで妻と母が実験されたいと頼んで実験が行われました。僕はこのとき，他の方法で華岡青洲に愛情を示すことはできないのかな，と思いました。動物と人間に実験するのはかわいそうだと思いますが，薬を作るためには，やはり動物実験が必要です。基本的に何かの生物に実験しないと薬の効用は確認できず，何も前に進みません。将来は生物を殺さないで実験できる方法が出てほしいと思います。

　ドラマに対する単なる感想にとどまらず，討論会での議論をふまえて自らの考えの根拠を示し，意見をしっかりと書くことができていました。探究テーマ「ものの見方は，社会や文化的背景に影響され形成される」を十分に理解できたことが伺えます。

学校紹介　JAPANESE LANGUAGE AND CULTURAL HERITAGE SCHOOL（SINGAPORE）

　本校は日本語を指導する週末学校です。シンガポール現地校，国際校（独，英，米など国別の教育システムに基づく学校，もしくはIBを中心としたプログラムを採択する多国籍の生徒を受け入れる学校）をメイン校とする生徒が，日本語保持のために週末に学びの場として集まります。

(磯崎　みどり)

対象：中学3年生

4 超高齢社会と私
―映画『恍惚の人』と広告分析を通して―

1 ユニットプランナー

重要概念	関連概念	グローバルな文脈
つながり	登場人物　テクスト間の関連性	空間的時間的位置づけ
探究テーマ		
メディア・テクストの表象はその時代の社会状況に影響される。		
探究の問い		
事実的問い：それぞれのメディアで，高齢者やそれを取り巻く人々はどのように描かれているか。 概念的問い：社会状況はメディア・テクストにどう影響をもたらすか。 議論的問い：テキストからどのような社会状況が読み取れるか。		
評価のための課題と評価規準		
広告分析プレゼンテーション　（A：分析　B：構成　D：言語の使用） 　個人でテレビCMを選択し，そこで用いられる表現について分析する。 　またその分析をもとに発表の構成を考え，プレゼンテーションを行う。		
ATL		
メディアリテラシースキル：複数のメディアの批判的に分析し，比較する。 コミュニケーションスキル：グループで話し合う。 　　　　　　　　　　　　分析した内容を，パワーポイントにまとめプレゼンテーションを行う。		
学習者像		
考える人：高齢社会やメディアへの表象について考える。 コミュニケーションができる人：考察したことを発表する，話し合う。		

2 ユニットのねらい

　生徒たちは，本やテレビだけでなく，オンラインゲーム，ＳＮＳ，ネット動画など，様々なメディアに囲まれた生活を送っています。メディアで流される表現を批判的にとらえる力を伸

ばすとともに，本単元では，メディア上の表現はそのときの時代背景に影響される，というテーマを生徒と共に考えていきたいと計画しました。複数のメディアを分析し，比較することで，それらの背景にあるものを考察します。その過程で，メディアの表現が時代や社会状況に影響を受けていることを理解していくことがねらいです。

考えるための話題として「高齢化」を扱うことにしました。有吉佐和子『恍惚の人』の読解と，その映画作品との比較を通して，高齢者とそれを取り巻く人々について考えさせます。また高齢化に関するテレビCMの分析を生徒自身で行い，その背景となる社会状況についても考察します。

3　学習のプロセス

1次	1時	「高齢化」をトピックにして，予習で調べてきた情報を共有する。
2次	2時〜5時	『恍惚の人』を読む。 生徒が各自で決めたテーマによって，プレゼンテーションを行う。 　例：家族関係，登場人物の老いのとらえ方，など。
3次	6時 7時	映画『恍惚の人』を観る。 小説が書かれた当時の文化的社会的背景を確認する。
	8時	小説と映画を比較し，話し合う。
4次	9時	各自で選んだテレビCMについて分析を行う。
	10時	構成を考えプレゼンテーションの準備をする。
	11時 12時	順番にプレゼンテーションを行う。

4　授業の様子

(1) 生徒への意識づけ

中学生や高校生にとって，超高齢社会の問題は実感が伴わないものです。年齢による時間的距離だけでなく，核家族化による物理的距離によって，日常から高齢者を意識する機会が減っています。自分の祖父母や近所の高齢者への関わり方も分からないように見受けられます。

そこで，現代の日本社会における高齢者問題についての意識づけとして，気になった記事や資料を調べてくることを前時の宿題として課しました。資料はインターネットでクラスのシェア・フォルダーに保存させます。シェア・フォルダーでの共有は，授業前に生徒たちが互いに読み合うことができ，同じ資料を選ぶことを避けることができます。また，振り返りをする際

にも有効に活用できます。

《生徒の選んだ高齢化に関する資料の例》

「人口ピラミッドから日本の未来が見えてくる」（総務省統計局）
「高齢者の健康・福祉」（内閣府）
「超高齢社会に眠るビジネスチャンスとは」（生命保険会社ＨＰ）
「老人の老人による老人のための政治」（iRONNA）
「日本の介護」（みんなの介護ニュース）
「日本の高齢者はなぜこうも不機嫌なのか」（東洋経済ONLINE）
「デジタル世界にも押し寄せる日本の高齢化社会」（個人のブログ）　　　（　）内は出典

　授業では，「高齢化社会」「高齢社会」「超高齢社会」の違いを明確にし，各自が調べてきた記事の紹介をしました。介護，孤独死など，超高齢社会の課題について，確認することができました。

　また，本ユニットの流れを確認し，各自の分析教材として，高齢者に関わるＣＭを探しておくように告げます。

(2)文学作品の読解

　有吉佐和子『恍惚の人』は授業前に読み終えてくることを宿題としていました。この作品は1972年に認知症をいち早く扱い，大ベストセラーとなった作品です。授業では，生徒各自が決めたテーマで作品分析をして，クラスでプレゼンテーションさせました。単にあらすじを説明するのではなく，作品の登場人物の分析に焦点をあててテーマを設定するように指示しました。

《生徒が分析したテーマ例》

・昭子は嫁として，舅の茂造の老いをどのようにとらえているのか。
・信利は，茂造の息子として，昭子の夫として，父親の老いをどうとらえているのか。
・敏は，祖父を通して，老いることをどのようにとらえていくのか。
・近所の高齢者と家族の関係はどうか。
・家の離れに下宿することになったエミと山岸は，茂造とどう接しているのか。

　発表の後はディスカッションし，とらえ方の不足している点があれば，教師が質問を投げかけ，グループ討論から理解を深めていきました。

(3)映画鑑賞　討論会

　映画『恍惚の人』は祖父を森繁久弥が演じ，1973年に東宝より配給されました。102分の作品なので，授業では2回に分けてＤＶＤ鑑賞をしました。生徒たちにとって馴染みのない日常生活の様子や時代背景を理解することができました。映画鑑賞は，作品の書かれた文化的社会的背景を知ることにつながります。鑑賞後，原作との違いも含め，次のような討論が行われました。

　生徒Ａ：映画では，敏がラーメンを作っていて，おじいちゃんにもラーメンを作ってあげていたし，そのとき，敏のことを，お父さんって呼んでたよと，ラーメンがつなぐ祖父と孫の関係を強調しようとしている。

　生徒Ｂ：おじいちゃんが風呂で溺れたときに駆けつけた京子に，敏は，茂造からお父さんって呼ばれているのは，ラーメンを作ってあげたことが理由だと話していた場面があった。ラーメンを媒介にした孫と祖父のつながりというのを映画は主張しようとしている。

　生徒Ｃ：茂造が肺炎で死にかけていたとき，原作では，京子と二人しかいないのに，映画では，家族全員が描かれていた。祖父を心配する家族全員に脚光を当てようとしたのかも。

　生徒Ｄ：祖父が助かったとき，原作では，昭子は，ジュースを飲ませていたのが，やはりよかったと思っているのに，映画では，敏が，ウンチしたのがよかったんだよと言っていた。これは，最後のウンチを塗る場面の伏線にしようとして言っているのかもしれない。

　生徒たちは，原作と映画の比較では，自分たちと同世代である息子・敏の描かれ方に注目していました。原作では年をとることへの理解をあまり示していない存在として敏が描かれていたのに対し，映画では，介護する家族の一員として老いをとらえている存在として描かれていたことを指摘していました。

(4)広告分析プレゼンテーション

　はじめに指示しておいた，高齢者問題に関するＣＭのプレゼンテーションを行います。
本時の広告分析では次に挙げる分析項目を，広告に応じて選択して活用するように指示しました。

分析の側面	具体的内容
言葉	・言葉の調子はどのようなものか。 ・登場人物の語る言葉に特徴はあるのか。
視覚的効果	・文字の字体・位置 ・色使い ・モデルの様子 ・衣装 ・カメラアングル ・場面の場所・時間
聴覚的効果	・音楽 ・バックの効果音など
全体	・何を視聴者に訴えようとしているのか。 ・視聴者はどのようにその広告をとらえると想定できるか。

　生徒は，各自で選んできたテレビCMを分析し，構成立ててプレゼンテーションを行います。生徒は次のようなCMを選んできました。第2時から小説と映画で『恍惚の人』に登場する高齢者を取り巻く人々を分析してきたので，今回の発表でも家族の関わりを主題とする広告を選んだ生徒が多くいました。

《生徒の選んだテレビCMの例》

使った広告	キーワード
JAバンク	アクティブシニア　定年退職後の新たな生き方 恍惚の人の茂造と自分の祖父母の生き方が全く違う。毎日いろいろと外出して楽しそうな祖父母。今は，茂造の時代と高齢者の過ごし方が異なる。
UQモバイル きていない祖父編	高齢者が周囲にいる割合が高くなる日本 CMでは祖父が画面の中心に配置されている。茂造は家族との会話があまりなかった。
イーライリリー	いつのまにか骨折　医者に対しての信用 明確なターゲット
パナソニック	エイジフリー　高齢者の願い　家族の願い サービス付き高齢者向け住宅のメリット・デメリット
コミュファ光	インターネットを簡単につなげること　核家族の増加 高齢者のインターネット利用の増加　一人暮らしの高齢者の増加
象印	見守りホットライン　呼び寄せ症候群 社会的つながりの分断とストレス　高齢者の意思の尊重

次に紹介する生徒Aは振り込め詐欺撲滅を呼びかける啓発キャンペーン，2015年の政府広報CMを選びました。高齢者を親にもつ息子をカンニング竹山が演じるドラマ形式の広告，「母が詐欺にあった」篇です。

生徒E：では，政府広報CMの「母が詐欺にあった」篇を見てください。（全員で視聴）
　　　　次に映像分析をしていきます。まず，最初のカットで，電話している男性の背中と，手前には心配そうに見守る男性の妻と娘の背中が映し出されます。ナイトスタンドの光から，時間は夜で自宅に帰ってから電話をかけていることが分かります。男の人の背中はまっすぐで，自分が正しいという意思の強さが表されています。この男性は「もう，ママ何やってるの!?　前にも言ったじゃん，気をつけてね，って！　金渡す!?」と，イライラした口調で，被害者である母を責めています。そして，「もしもし？　ママ，聞いてる？　もしもし？」と，とても早口に，一方的に威圧感を感じさせる口調で喋っています。
　　　　次に，電話の向こう側の母の背中が映し出されます。息子の背中の映像に比べて，少し前かがみになっていて，母の申し訳のない気持ちがにじみ出ています。母が，間をおいて「ごめん」としか言えないのは，言葉が出てこなかったからだと思います。言い訳すらできずに，自分を責めていることが想定できます。そして，母の「あんたが助かれば，と，思ったんよ」と，方言を話す母の言葉で，初めて，息子の表情が変わります。
　　　　ここで，BGMが効果的に使われています。吉田山田の「母の歌」の歌詞は「私が大人になり，あなたの背を超えた時は照れたように笑いながらいったい何を思っていたのですか」と，息子の気持ちにリンクしています。息子の表情と重なって，視覚と聴覚の側面からの効果を高めています。
　　　　次に黒い地の画面に「なんでもっと連絡取らなかったんだろオレ」と白い文字が映し出されます。このバックの黒色は男性の心情で，辛い気持ちだったことを示し，母への思いを白で示しています。続けて，「オレオレ詐欺を防ぐのは，オレだ」と，都会の夜の景色に白の文字が映し出されます。これは，テレビを見ている都会の人たちへのメッセージです。最後の「オレだ」の前に読点を入れることで，詐欺を防ぐ役割の一端を担うのは視聴者であることを強調しています。
　　　　場面が一転して，明るく海沿いの村の風景が映し出されます。海と山の景色から，男性の故郷であることが分かり，今後の展開が想定できます。次に母が料理している食卓から台所を写したカメラアングルの場面になります。明るく暖かな色調です。
　　　　次に，男性が路上で母親に電話している場面になります。男性「あ，俺，今，少

しあいてね。何しよるの？」母「あ，そうなん，今，お昼のネ，支度しよんの」と，主語が省略された会話が交わされます。これは，多くを話さなくても通じる関係性となっていることを強調しています。また，方言を使うことで，懐かしさと優しさが感じられ，親子が心配し合っていることを示す効果があります。
　　　（略）
　この広告を分析して不思議だったことは，「オレオレ詐欺」に気をつけようという広告であるにもかかわらず，この男性が，仕事の合間に母に電話している際に，やっぱり，「オレ」と言っていることです。みなさん，なんだか，変だと思いませんか？
生徒F：でも，いつも自分で使っている言葉は変えにくいのでは。
生徒G：なんで，お母さんに電話しているのに，自分の名前を言わないんだろう。
生徒E：日本では，あまり，名前で呼ぶことないですよね。「私」とか「僕」で済んでしまいます。つまり，人の口癖はなかなか変わらないけれど，行動を変えるだけでも十分に犯罪を防止できるということを伝えようとしたのかもしれません。

(5)評価と振り返り

　生徒Aがこの広告を選択したのは，『恍惚の人』において，高齢者の茂造と周囲の息子家族の関わりに着目していたからです。映画を鑑賞したことで，原作と違って，映画は家族全員で茂造を気にしているというメッセージを読み取った生徒Eは，家族の心情に注目して分析広告を選択しました。その点において，文学作品の学習を通して，関連概念の「登場人物」「関連性」が定着したと評価できるでしょう。
　プレゼンテーションでも，分析項目に挙げていた「言葉，視覚的効果，聴覚的効果」を映像の場面ごとに的確に分析していました。高齢者を取り巻く人々の心情の表現についても，作中から適切な引用をし，クリティカルに分析できました。また，導入で警視庁のデータを示し，政府広報CMの意義を確認してから，プレゼンテーションを展開し，最後にクラスでの質疑応答という，しっかりした構成を展開できていました。以上の点から，評価規準A「分析」・B「構成」・D「言語の使用」のいずれも十分なレベルに到達していたと評価できます。
　本ユニットのまとめとして，振り返りシートに，感想，知ったこと，現在の社会について，という項目で記述させました。
　生徒Eの振り返りシートは次のとおりです。

　『恍惚の人』の時代に比べて，現在は，超高齢社会と言われ，高齢者への経済的支えが大きくなってきている。それでも，高齢者自身が生きていくことに大変な思いをしたり，騙

されたりする社会に対して疑問に思う。以前は，年をとるということについて考えたこともなかったけれども，自分の老後や死について改めて考えるようになった。

このように，高齢者問題について，自分自身の問題としてとらえることができており，本ユニットでの学びが意義深いものとなったと言えるでしょう。

5 本ユニットの到達点と今後の課題

　本ユニットの到達点は，文学作品『恍惚の人』の読解後，現代社会で高齢者がどのように扱われているのかを，現在の広告を分析することを通して明らかにするものでした。文学作品で学んだ登場人物の心情理解の方略が，広告のドラマ分析でも活用でき，高齢者とその家族の心情を考えることができていました。また，36年前の文学作品を現代の文脈に照らして読むことによって，いつの世でも変わらぬ人にとっての普遍的なテーマを見いだすこともできました。文学と同様にメディアを学ぶことの意義も獲得できたと言えるでしょう。

　こうした学習で重要になるのは，学習者が自発的に取り組めるように課題を構成することです。本ユニットでは，文学作品と探究のテーマを教師の方で設定し，前半では生徒たちがそのテーマに沿ってディスカッションを行いました。しかし，後半では，生徒が分析素材とする広告を自分自身で見つけます。自分で選んだ素材を分析することで，生徒の興味関心も高まり，課題に取り組み意欲も向上していました。この点において，学習者中心主義の授業方略の一つと言えます。

　このような授業で教師が果たす役割は，生徒の分析で不足していた側面を補うことです。社会的・文化的影響，時代の影響などは，中高生ではとらえきれない部分もあり，教師の補足が必要となります。

学校紹介　　INTERNATIONAL SCHOOL of BRUSSELS

　本校は，1951年に創立されたベルギーの首都ブリュッセルにあるインターナショナルスクールです。幼稚園から高校までの教育課程と特殊支援学級も併設され，約70カ国の国籍で約1500人の生徒が在籍しています。162134.62㎡の広さで，森に囲まれた丘に立地しています。

（石田　まり子）

対象：中学1年生

5 創造は模倣から生まれる
―宮沢賢治をモチーフにして創作しよう―

1 ユニットプランナー

重要概念	関連概念	グローバルな文脈
創造性	自己表現　テーマ	個人的表現と文化的表現
探究テーマ		
すでにある作品のテーマや表現をもとにして，新たな創造が生まれる。		
探究の問い		
事実的問い：作品の特徴は何か。作家の表現の特徴は何か。 概念的問い：創造と模倣の違いは何か。 議論的問い：作品のどのようなところが創造的で，どのようなところが模倣と言えるか。		
評価のための課題と評価規準		
①テキストの分析と論述　（A：分析　D：言語の使用） 　　テキストを様々な観点から分析し，類似点や相違点ついて論述する。 ②創作　（C：創作） 　　テキストをもとにして創作活動を計画し，成果物を作成する。		
ATL		
批判的思考スキル：物語の分析を通して，批判的に読解をする。 自己管理スキル：自分で目標を設定し，計画的に行動する。		
学習者像		
探究する人：好奇心をもって，答えのない問題に取り組む。 挑戦する人：創作活動を通して，これまでやったことのない課題に挑戦する。		

2 ユニットのねらい

　宮沢賢治の物語は，小学校で読んできている生徒も多く，授業で取り扱いやすい作品です。本単元では物語の読解や作文課題だけでなく，生徒の創造性を発揮できるような課題を設定したいと考えました。「創造性」という重要概念と「自己表現」「テーマ」という関連概念，「個

人的表現と文化的表現」というグローバルな文脈を組み合わせて探究テーマを設定しています。探究テーマは「すでにある作品のテーマや表現をもとにして，新たな創造が生まれる」としました。ゼロから何かを生み出すのは難しいものですが，すでにある作品の力を借りて，創作の楽しさを生徒と共有したいと考えました。

3　学習プロセス

1次	1時	「注文の多い料理店」を読む。 「分析の観点」ワークシートを配布する。 「分析の観点」をもとに「注文の多い料理店」の特徴をまとめる。
	2時	互いにワークシートに書いたものを共有するグループワークを行う。 クラスで考えたことを発表する。 「オツベルと象」を読む。
	3時	1時と同じように「分析の観点」をもとにして分析する。 2つのテキストの類似点と相違点をノートにまとめる。
	4時	類似点と相違点について，グループで意見交換を行う。 グループごとに，クラスで発表する。
2次	5時	論述のための構想を考える。 書き始める。
	6時	論述下書きの続き。 書き終わった生徒は，推敲し，友達と読み合う。
		（定期考査）論述課題
3次	7時	ワークシートを参考にし，創作の計画を立てる。
	8時～ 11時	創作を行う。
	12時	完成した作品をお互いに見合う。 振り返りの記述を書く。

4　授業の様子

(1)物語の分析読解

　物語を読んで分析的な疑問をもつためには，分析のための観点をもっていなければなりません。中学1年生でも，自分の力で分析的な読解がしやすくなるよう，生徒には「分析の観点」

を示したワークシートを配布しました。今回生徒に提示した観点は，以下の6つです。またそれぞれの観点にガイドとなる問いをつけました。このキーワードは「言語と文学」の「関連概念」の中から，中学1年生にとって取り組みやすいと思われるものを授業者が選んでいます。

《生徒に示した「分析の観点」》

登場人物	設定	視点
どんなキャラクター？ 物語の中でどういう役割？	いつ頃の話？ どこが舞台？	物語は誰が語っている？ その効果は？
構成	テーマ	文体（スタイル）
物語はどう展開する？ その効果は？	この物語で作者が書きたかったことは？	どういう表現が特徴的？

全員で「注文の多い料理店」や「オツベルと象」を読みます。次に個人で選んだ観点に基づいて物語を読み直し，論述に使えるような本文中の記述を探す。そうした過程の中で「登場人物」や「設定」「視点」といった概念的なキーワードを用いた思考を生徒に促していきます。

(2)論述試験

定期考査では物語を分析する論述を出題しています。授業で扱った「注文の多い料理店」「オツベルと象」2つのテキストを，複数の観点から比較し，類似点や相違点を探ります。テキストを分析する観点を身につけるとともに，テキストの書かれ方の特徴や作者の意図を探究していきます。この課題を通して，物語を批判的に読むスキルや，作文を書くスキルを向上させたいと考えました。

問　各自で選んだ「分析の観点」に基づいて，2つのテキストを比較し，類似点や相違点について述べなさい。
　　ただし，使用するテキストは宮沢賢治の「注文の多い料理店」と「オツベルと象」とする。

このような問いに生徒を取り組ませました。試験時間は50分です。
もちろん，初見でこの問題は解けません。事前に問題を告知し，準備する時間を取っています。授業中，または家で下書きを作り，推敲し，本番に臨みます。
下書きの際に，文章の基本的な型や，意見と理由・根拠を分けて書くことを指導しています。また，意見に説得力をもたせるために，根拠となる記述をテキストから引用するよう促し，引用の仕方を教えます。こういった作法は，なかなか小学校では習わないものです。「学問的誠実性」の観点から，その重要性を生徒に教えていきます。
本番のテストは持ち込みを禁止しています。生徒は書く内容をある程度頭の中で整理してお

く必要があります。理由や根拠を，本文を引用しながら説明できるように，テキストはコピーして試験問題と一緒に配布しました。

(3)創作

　今回の単元のねらいは，「分析の観点」を用いた物語の読解と，それを活かした創作活動を行うことです。単元の後半では，生徒の創造性を発揮する機会を国語科として提供したいと考えました。

　もちろん，これまでも俳句・短歌の創作や，作文などで創作する機会はありました。時には新聞づくりや，ＰＯＰの作成など，視覚的効果をねらった課題にも取り組ませてきました。

　しかし，これらは教師の側で創作物のスタイルを限定してしまっています。生徒は決められた枠の中で力を発揮しています。もっとその枠を広げてみたいと単元を計画しました。

　もちろん，何でもありにして任せっぱなしでは，何もできないまま終わってしまう生徒が出てくるでしょう。年齢や経験に合わせたサポートが必要です。今回は，創作のテーマが選びやすくなるように，題材を「宮沢賢治に関するもの」とし，創作のスタイルを自分で選択するよう促しました。また，最初に授業者からプリントを配り，創作の例を示しました。

　こういった活動に際し，とくに注意するのは生徒自身に目標と計画を立てさせることです。教師が課題のスタイルを指示するわけではないため，達成までにかかる時間もまちまちです。あらかじめ授業では何コマ分を使うのかを明示し，活動時間に見合った目標や計画を立てることを促します。今回の課題では，授業内で４時間分を割り当て，その間にほとんど終わらせるように指示しています。このように時間を意識させることで，自己管理スキルを高めることがねらいです。

　もちろん，創作活動に不慣れな生徒たちばかりです。すぐに終わるような課題設定にしたり，とても終わらないような無謀な計画を立てたりする場合があります。それを教師の側がすぐに修正したりしないで，まずはやらせてみて，試行錯誤できるように意識しました。その結果創作物が完成しなかったとしても，それも一つの経験となり，次回計画を立てるときに活かせると考えたからです。

《生徒の創作作品例》

　創作スタイルは自由にしましたが，多くの生徒は文章での表現を選択しました。主人公を変えて物語を書いたり，設定を変えた物語にしたりする作品が多く提出されました。その他，ジャンルを変えて（マンガ，絵本，イラストなど）表現しようとしている生徒もいました。
　以下は，今回の実践で生まれた生徒の創作作品例です。
・「オツベルと象」を象の立場から書き換えた物語作品
・「雨ニモマケズ」のパロディ

- 「注文の多い料理店」を絵本にした作品
- 「どんぐりと山猫」の漫画化
- 「雨ニモマケズ」を朗読し，レコーディングしたもの
- 「注文の多い料理店」すごろく
- プログラミングをして「注文の多い料理店」をモチーフにしたゲームの作成

「銀河鉄道の夜」水彩画

飛び出す宮沢賢治年表

もし宮沢賢治がインスタグラマーだったら

「雪渡り」フェルト作品

5　本ユニットの到達点と今後の課題

　この単元では「創造性」を重要概念として，前半は作者の創造性に焦点をあて，後半の課題ではそれを各自の創造性に援用する，という授業の流れを組みました。

　前半の活動では，複数のテキストを共通の観点で分析し，思考するという体験を生徒にさせることができました。物語全体のテーマ性や，擬音語・擬態語などの特徴的な言葉遣い，登場人物のキャラクター設定など，生徒は各自の興味に合わせて考え，話し合いを行うことができていました。一部の生徒は「自然と人間」といった観点から，物語の類似点や相違点を見いだ

そうとしており，抽象化した物語分析の導入になっていました。

　後半では，なるべく幅広い創作活動を生徒自身が行えるように設計しました。ただし，中学1年生という年齢を考えて，生徒が考えやすくなるよう，「宮沢賢治をモチーフとして」というように，ある程度限定しています。こういう限定的な探究を通して生徒には自ら取り組む面白さを体験してもらい，高学年になるにつれてより自由度の高い創作ができるようになっていってほしいと思います。

　実際には，こちらが予想していたよりはるかに多彩な創作物が集まり，生徒の発想の豊かさに教師が驚く結果となりました。

　単元の最後には，完成した作品を見合い，意見交換を行う時間を取りました。今回の実践では感想を述べ合うだけで終わってしまったのですが，そこで例えば，「分析の観点」を用いて創作意図を説明するなどの活動をすると，前半の学びを後半にもっと活かせたのではないかと思います。また，議論的問い「作品のどのようなところが創造的で，どのようなところが模倣と言えるか」を使っての意見交換や，概念的問い「創造と模倣の違いは何か」を使った論述課題などに挑ませると，より深い学びにつながったかもしれません。

　創作活動は，生徒は楽しく取り組むのですが，どのように評価するかは難しいところです。提出すればＯＫということにもなりかねません。活動を通して生徒は何を学び，何を得たのか，探究テーマや概念を用いた振り返りをさせることで，これまでとは異なる評価ができるようになるのではないでしょうか。

　また探究テーマをさらに発展させ，「宮沢賢治は何をモチーフにして（何を模倣して）自己の創作に活かしたのだろうか」といった問いを立て，学習を広げていくことも可能でしょう。

| 学校紹介 | 開智日本橋学園中学・高等学校 |

　本校は，東京都中央区にある私立の中高一貫校です。前身は日本橋女学館という歴史ある女子校でしたが，2015年より校名が変わり，男女共学になりました。2018年，ＭＹＰ・ＤＰともに認定校となり，正式なＩＢ校としての教育活動をスタートさせました。

（関　康平）

対象：中学2・3年生

6 MYP年間指導例と文学指導実践
—夏目漱石『こころ』—

1 パリ・インターナショナルスクールでの年間指導例

　IBでは，PYPからMYP，DPへと進むにつれて，幅広い基礎的な知識の学びから，将来を見据えた専門的な学習へと移行していきます。MYPはその中間地点にあたるので，ある程度の幅をもたせながらも，言語・文学を通して専門的な世界にも触れることが必要です。そのために，課題文学作品は古典，近代，現代文学を含み，世界文学も取り入れます。また小論文を通して，数多くのテーマについて考えてもらいます。

　本校の8・9年生は日本の中学2・3年生，10年生は高校1年生にあたります。2017年度の時間割は45分2コマ連続の授業（90分）が週2回ありましたが，年間の指導計画は次の通りです。教材としては，文学作品は文庫本を持たせ，小論文，文章問題演習，漢字等はその都度プリントを配布します。

パリ・インターナショナルスクールにおけるMYP「言語と文学」（2017年9月〜2018年6月）

【8・9年生　中学2・3年生】
火曜日：漢字テスト・文章問題演習／『こころ』（夏目漱石）『人形の家』（イプセン） 　　　　　　　　　　　　　　　　　　『山椒大夫・高瀬舟』（森鷗外）
木曜日：小論文　　　　　　　　　／『徒然草』（吉田兼好）
【10年生　高校1年生】
月曜日：漢字テスト・文章問題演習／『破戒』（島崎藤村）『1984年』（オーウェル） 　　　　　　　　　　　　　　　　　　『人間失格』（太宰治）
金曜日：小論文　　　　　　　　　／『方丈記』（鴨長明）『伊勢物語』

2 漢字テスト・文章問題演習

　毎週火曜日は授業冒頭に漢字テストを行います。パソコンやスマホのせいで漢字を書けなくなっている生徒が目立ちますが，漢字文化は日本の大切な伝統ですし，漢字を覚えて書くことは多くの分野で利点をもたらします。そして，今のところ試験では直筆で書くことが求められ

ていますので，漢字をしっかりと覚えていないと高得点は取れません。8・9年生は高校入試問題，10年生は大学入試問題を参考にして，前週に試験範囲をプリントで配り，翌週にテストをします。その結果は成績に反映させます。

　文章問題演習も高校入試問題や易しい大学入試問題を使用します。前週にプリントで配り，宿題で解答してもらい，翌週に検討します。単なる答え合わせではありません。種々の文章の特色（例えば，意見文，小説，随筆，紀行文等）を理解してもらうのに役立ち，テーマやトピックによっては，それを生徒とのディスカッションに結びつけていきます。問題を「解く」ことよりも，その文章をもとにしていろいろなことを学び，考えてもらうようにしています。

3　文学作品の指導

　文学作品は1作品につき約3カ月（毎週45分1コマを使用）のペースで進めていきます。火曜日に扱う『こころ』は9月～12月で読み終えて，12月に前期定期試験として，小論文形式のものを出題します。『人形の家』は1月～3月，『山椒大夫・高瀬舟』は4月～5月で，6月に後期定期試験を実施します。

　授業を始める前に予習として作品を読んでくることを義務づけ，授業では生徒にどんどん質問を投げかけながら，作品を読んでいきます。質問内容は，読んできているかどうかを確認するだけではなく，生徒の得意分野を発揮できるような形を考えています。文学が苦手な生徒にも活躍できる場を作って，授業を活性化します。

　古典は，全員にある程度のパートを割り振っておいて，自宅で原文を音読する練習をさせ，教室ではその部分を音読してもらいます。そして，できるだけ自分の言葉で内容を説明させて，不足しているところを後で私が補います。内容に応じて質問を投げかけ，種々のディスカッションへと導きます。

　例えば『徒然草』であれば，兼好が何故無常観を大切にしていたのか，しかも肯定的無常観を主張しているのはどのような理由からか考えていきます。また，現在の世界でも人生は無常に満ちているということ，だからこそそれと共に生きる術や力を身につけていくことが大切だということを理解してもらいます。古典として残っている作品には，そういった力があります。

　定期試験では，作品をどの程度理解しているかということと，それに対して自分はどのような考えをもったのかということを，問いかけます。『徒然草』の第七段（原文）をそのまま出題し「この段における吉田兼好の考え方について，本文から例を挙げながら解説し，それに対して自分の考えを述べなさい」といった形です。

　近・現代の作品であれ，古典であれ，目標は1つです。文学作品を通して世界を理解してもらい，人間を知ってもらうこと。そして，それが生徒たちの生きる力になってほしいということです。それ故に，文学作品に現れる種々の出来事や事象に関して，常に現在の問題と結びつ

けて考えてもらうために発問し，意見を交換しながら議論し，必要な知識は与えるということを繰り返していきます。そのときに，できる限り生徒の個性ある能力を生かすように，発言を促していきます。その意味では，いつでも一期一会の授業となっています。

4 小論文，課題論文（Extended Essay）の指導

毎週1コマ，45分の授業で小論文に取り組ませます。政治，経済，音楽，スポーツなど，あらゆる問題を扱います。生徒には知る権利がありますし，知っておくべきことがたくさんあります。新聞記事やいろいろなトピックをまとめた本から引用して，様々な立場の論者の考え方に触れられるように資料を用意します。

例えば，政治問題の不正事件や「原発問題」「死刑制度」「日本の道徳の教科化」「言語は人間にとってどういう役割をするか」「内部告発者の保護問題」「ネットとリアルの関係」など，生徒たちに考えてもらいたいテーマを幅広く出題します。

授業で資料を読んでディスカッションをし，次の週に小論文提出です。原稿用紙にペンを使って清書させています。熱心な家庭では，両親とテーマについて話し合ってから書いている生徒もいます。親子の話題を与えてくれてありがたいと，保護者から感謝されることも数多くあります。

小論文は毎週課すので，1年間で20〜25本，5年で100本以上は蓄積されます。授業では，添削した生徒の小論文で優れたものを紹介しています。どこが良い点なのかを考えさせ，構成や文章等の良い点を「盗んで」自分のものにしなさいと話しています。

また，中学2年生から各学年で，文学作品をテーマとした8,000字程度の課題論文（Extended Essay）を課し，学年末に提出させます。高校3年生のDPでは必修課題となりますが，その時点ではかなり書き慣れていますし，大学受験，大学生活，さらに働き始めてからも役に立つスキルとなります。

5 文学作品の指導例『こころ』（夏目漱石）

(1)ユニットプランナー

重要概念	関連概念	グローバルな文脈
つながり	登場人物　テーマ	アイデンティティーと関係性
探究テーマ		
信頼及び裏切りを通してのアイデンティティー		

探究の問い
事実的問い：人はどのようなときに人を裏切り，その報いは何か。
概念的問い：人と人はどのようにしてつながることができるのか。
議論的問い：愛のために友情を犠牲にすべきか。
ＡＴＬ
思考スキル：登場人物の言動，心境について評価する。
リサーチスキル：作品の歴史的背景，社会的背景を調べて理解する。

(2) ユニットのねらい

　夏目漱石は近代文学を代表する作家ですが，単なる文学史的知識ではなく，明治とはどのような時代だったのか，漱石はなぜ現在まで読み継がれてきているのか，漱石のメッセージは何なのか，といったことを考えてもらいます。

　キーワードは「我執」です。「先生」は我執の被害者であり，加害者でもあります。それは人類普遍の問題なのか，それとも江戸（近世）から現代へと変化するための必須の現象であったのか。これを授業の中心に据えながらも，授業で何を話すか，どちらの方向に向かうかは，その年の生徒の性格，経験，その日の気候，世界及び日本の最新ニュース，私や生徒の調子等によって毎回変わります。テーマやユニットのねらいを押さえた上で「即興演奏」のような授業をしていくのが私の方法です。

(3) 授業

　時々刻々と変わり，同じ形の内容は二度とない私の授業は，実際の授業をお目にかけるのが一番なのですが，それは不可能なので，いくつかの場面を切り取って，説明とともにご紹介します。

〈第1時限〉

　さて，本日から夏目漱石の『こころ』を学んでいきます。まず巻末にある年譜を見ていきましょう。漱石が生まれたのは慶応3年（1867年）となっていますが，重要なことはこれが江戸末期だということです。翌年は明治元年です。つまり漱石はほぼ明治とともに生まれて，明治が終わるとともにこの世を去った（大正五年）ということです。

　漱石は五男です。明治の頃は家父長制度がしっかりと生きていました。長男は家督を継ぐために大切にされましたが，次男は長男が死んだときのためのスペアであり，三男以下になると途中で分家させたり，里子に出したりします。なんせ五男ですから，漱石は生まれてすぐに古道具屋に里子に出されました。これは特別なことではなく，よくあったことなのです。

　例えば，あなたたちの家ではどうですか。お父さんは長男ですか，家を継がなくてはいけな

いということはありませんでしたか。あなたたちのお父さんはほとんどが会社員や公務員ですから，家を継いだわけではないでしょう。それでもお墓の管理とか，本家と分家の問題などはあるかもしれませんね。→ここで生徒たちの意見を聞き，ディスカッションに入ります。

　その後，漱石は父親の書生をしていたことがある塩原昌之助の養子になります。書生というものがどんなものか分かりますか。明治の頃は学生や学校を卒業した若者が進路を決定する前に，有力者の家に住み込んでいろいろと学びました。家の雑用もしますが，作家の書生であれば，作家の作品を清書したり，自分の作品を見てもらったり，種々の学びの機会があります。政治家の書生であれば，来客の世話をしたり，主人の鞄持ちをしたりして経験を積みます。一種の私設秘書のようなもので，給料はほとんどなく，食べさせてもらって時々小遣いをもらう程度です。

　書生は，普通は男です。そして有力者の家ですと，こういった書生が何人もいました。また大学もこの時代はほとんど男だけですから，『こころ』の「私」も男の中だけで生きてきました。つまり女性と出会うチャンスはほとんどなかったのです。先生は「私」と出会った後，「私」が先生のところへ通ってくるのは一種の疑似恋愛だというようなことを言います。これは書生文化の影響があります。同性だけの世界で生活していると，同性に対して恋愛感情に似たものをもつことはよくあることです。

　例えばＡ（生徒），あなたはここに来る前に日本の女子校にいましたね。かっこいい先輩等がいて，その人に憧れて恋愛に近い感情をもつ人を見たことはありませんか。

Ａ：「いました。生徒会の役員をしている人でスポーツもよくできたので，後輩から告られたりしていました」→他の生徒の例も聞き，ディスカッションに入ります。

　これは不思議なことではありません。今でも人の感情は昔と変わりません。女子校であれば共学よりも異性と出会う機会は少ないでしょう。そういうときに同性に恋愛感情に似たものをもつことは，よくあることです。だからといってその人が同性愛者であるとは限りません。今でこそ「カミングアウト」とかＬＧＢＴといった言葉がよく使われていますが，昔は同性愛はタブーといった傾向が強く，なかなかそういった存在が認められなかったものです。今でも色眼鏡で見る人がいますし，世界には同性愛を犯罪として扱う国もあります。しかし人間は男と女の２種類ではありません。その間にたくさんの人たちがいるのです。体と心の性が違う人たちもいますね。そういった人たちを認めないのは，自分の存在を認めないのと同じことです。人数やパーセンテージで善悪を判断することほど恐ろしいことはありません。→生徒たちの知っていることを聞き，ディスカッションに入ります。

※こういった形で授業が進んでいくのですが，ここまでで漱石が１歳なので，彼が亡くなるまでの道のりは遠いのです。年譜を一緒に読んでいくだけで，２コマは費やしてしまいます。

〈第3時限〉
　では本日から作品に入っていきましょう。まず全体を眺めてみましょう。この作品は「上　先生と私」,「中　両親と私」,「下　先生と遺書」となっています。それぞれがまた小さな章に分かれていますが, 章の長さは大体同じです。これはなぜでしょうか。
※この後はその日により授業の進め方は変化しますが, いくつかの例を挙げてみます。

【例1】
　「新聞小説」の特色をみんなで考える→『こころ』にその特色は見られるか→読者と作者との関係を探る→ロラン・バルトの「テクスト論」の紹介（作品は作者から独立している）→筒井康隆の『朝のガスパール』の例（読者の意見を取り入れて作品が変化する）→ディスカッション

【例2】
　「私」とは誰か問う（語り手の人称の問題）→二人称小説に言及（例として太宰治の作品における「潜在的二人称」）→フランス語が得意の生徒に「Tu」と「Vous」の使い分けを説明させる→フランスの階級社会に言及→ディスカッション

【例3】
　「私」がなぜ先生に惹かれたのか考えさせる→明治における外国人の存在→現在の外国人差別について→日本とフランスを比較→ディスカッション

〈第12時限〉
　『こころ』の最終授業ですが, 授業で扱い考えてきた大切なところをまとめながら, 以下のようなことを考えてもらいます。
・先生は我執の犠牲者であり, Kに対しては加害者。では静に対してはどうなのか。静の心を汚さないために, Kとのことを話さず「私」にも黙っていてほしいと言うのはエゴイズムか。
・先生と精神的親子関係である「私」はこの後どうするのか。先生の秘密を静に話すのか, それとも最後まで話さないのか。
・漱石の『こころ』が今も人気があるのはなぜか。

(4)評価課題

　評価は筆記試験で行います。作品の理解とともに, 解釈もしっかり書かせます。生徒自身の人生と文学作品の世界がぶつかり合って出てくるものを表現させます。一例と生徒の答案をご紹介します。

【設問】『こころ』の先生はなぜ自殺したのか，作品から例を引用しながら詳しく解説し，それについて自分の意見も述べなさい。

【解答例１】 中学２年男子

　先生は長い間，親友のＫが自殺してからというもの，罪悪感に苛まれてきた。Ｋは，彼の死の数日前，先生に，自らの静に対する恋愛感情を打ち明けた。自らの恋路が邪魔されるのではと危惧した先生は，Ｋを口頭で追い詰めようとした。しかし，話をするうちにＫから「覚悟ならある」という言葉を聞くと，先生はついに行動を起こす。ある日，仮病を装って大学を休み，静の母に談判したのである。Ｋに何一つ自分の気持ちを伝えていなかった先生であったが，すぐに結婚を承諾された。するとＫはそれを知って自殺した。雑司ヶ谷にＫの遺体を埋め，静とも無事に婚約した先生であったが，Ｋは自分が殺してしまったのではと，巨大な罪悪感に襲われる。ときには，自らの財産をかすめ取った叔父と自分を「いざというときに悪人となった」という点において重ねた。また，何よりも辛かったのは，愛する妻との感情のすれ違いである。罪悪感からくる先生の態度の変化について，静が「私に不満があるのだろう」と述べるようになったからだ。そして先生はある日，Ｋの自殺の原因について，自分と静という信頼していた人間に裏切られて淋しかったのではという推測をする。これらの感情に耐えられなくなった先生は「すでに死んだ人物」として生きる決心をし，何度か自殺を図った。しかし，その決心をする前，自らの母が亡くなったときに静の放った「もう信頼する人はあなたしかいない」という言葉を思い出すと，踏みとどまっていた。自らの死後の静を心配したのだ。すると，「私」という人物に出会う。先生は「私」と言葉をかわすうち，彼を信用し始め，自分の死後の静を彼にまかせることを考えるようになった。加えて，明治天皇の崩御，乃木希典の殉死が報じられる。特に，乃木が35年間死ぬつもりで生きてきたということを知ると，自分とそれを重ねた。先生はその数日後，天皇の後を追う殉死という形で，世間に目立たないように自殺した。

　僕は自殺に反対だし，図っても不可能だと考えているが，この先生の事件を知ると，少し意見が揺らいでしまった。親友を一人殺してまで得た妻と生きていくというような感情を，今までに感じた経験がないために，先生の感じていたつらさは想像を絶するだろうという考えが浮かんだからである。死がからむと，人は正常な判断力を失うのだろう。

【解答例２】 中学３年女子

　先生が自殺した原因。それは，一言で言えば「断罪」である。Ｋという存在が何十年も先生の心を蝕み続け，結果的に先生は自殺してしまった。だが，先生を自殺に追い込んだ動機はそれだけではない。何十年という生活の中で，いろいろな思いが積み重なって，先生の運命を作っていたのだ。「私（以下青年）」との出会いも，大きな理由として挙げられる。先生が自殺を意識し始めたのは，誰よりも愛している奥さんに「男と女の心は，どう

しても交わることができないのだろうか」と問われたときであると私は考える。そのときから先生は，一層強く「罪の意識」を感じ始め，だんだんと世を避けるようになっていく。だが，そんな彼の唯一の心の支えが「静さん」，つまり彼の奥さんであった。彼女は頼れる身寄りがいないため，先生が居なくなると，本当の「孤独」になってしまう。奥さんが一番大切だった先生にとって，これは一番大きな障壁であった。解決策を探そうとしても，人間を信頼していない先生にとって，奥さんを任せられる人などいなかった。そんなときに出てきたのが，若い書生である青年だ。彼は全くの他人で，出会い方も特別なものではない。彼が先生に声をかけた。それだけだ。だが，それから2人の関係性はどんどん深くなっていく。最初のうちは，青年が「疑似恋愛」として先生を慕っていたが，その気持ちは次第に変わっていき，最終的に彼らは「精神的親子」となる。親が子を信頼しているように，先生もだんだんと青年に心をひらくようになり，先生の奥さんもまた，青年を可愛がり，信頼している。先生が待ち望んでいた環境が出来上がったのだ。青年という存在のおかげで，奥さんは一人にならなくて済む。さらに，誰にも言えず一人で抱え込んでいた過去を彼に教えることで，精神的な父として彼に教訓を与えようとしたのではないだろうか。また，先生が自殺を本格的に準備しだしたとき，日本であがめられていた天皇が崩御した。それにより，乃木大将をはじめとした自殺者が多く出た。先生は，今自殺をしてしまえば，数多の自殺者の一人として，誰にも知られずひっそりと死んでいくことができると思ったのではないだろうか。先生は最後までKのことを思っていたに違いない。やっと罪が償える，だが許してもらえるはずはない……そう思いながら，一人静かに命を絶った，私はそう考える。だがそれは，青年と奥さんを裏切る行為であると私は思う。

評価はクライテリアのA～Dを使用します。答案は，裏切り，恋愛，友情という要素を通して，登場人物が人とのつながりやアイデンティティーの確立に苦労する様子を生徒たちが理解し，考察を深めたことを表しています。

学校紹介　International School of Paris（ISP）

本校は1964年に創立された国際学校です。現在は幼稚園から高校まで約700名，60数カ国の子どもたちが学んでいます。フランスではじめてPYP，MYP，DPすべてのプログラムを導入した学校でもあります。日本人生徒は全体で約40～50名在籍しています。パリの16区にあるので治安も良く，美術館，音楽会，演劇，講演等の文化的要素に触れる機会が多いのが，生徒たちにとって良い刺激となっています。

（石村　清則）

付　録　ＡＴＬスキル一覧（ＩＢＯ（2015）『ＭＹＰ：原則から実践へ』pp.115-121）

◆コミュニケーションスキル
相互作用を通して思考やメッセージ，情報を効果的にやりとりする。
　・意味のあるフィードバックを与え，受け取る。
　・コミュニケーションを解釈する際，多様な文化の理解を用いる。
　・様々な受け手とのコミュニケーションに必要な多様な会話テクニックを用いる。
　・異なる目的や受け手に応じて適切な記述形式を用いる。
　・様々な受け手とコミュニケーションをとるために多様なメディアを用いる。
　・言葉によらないコミュニケーションの方法を解釈し効果的に用いる。
　・他の生徒や教師と考えや知識について話し合う。
　・デジタルソーシャルメディアネットワークに参加し，貢献する。
　・多様なデジタル環境やデジタルメディアを用いて，他の生徒や専門家と協働する。
　・多様なデジタル環境とデジタルメディアを用いて，多数の受け手と考えを共有する。
情報を集め，やりとりするために，言語を読み，書き，そして用いる。
　・批判的に，そして理解するために読む。
　・情報を求め，そして楽しむために多様な資料を読む。
　・推測し，結論を引き出す。
　・様々な専門用語やシンボルを用い，解釈する。
　・異なる目的に応じて書く。
　・数学的表記を理解し，用いる。
　・正確に，簡潔に言い換える。
　・文章をプレビューする，または，さっと見ることにより理解する。
　・授業において効果的なメモを取る。
　・学習のための効果的な要約メモを作成する。
　・多様な情報整理ツールを用いる。
　・多様なメディアを用いて，専門分野の，そして学際的な探究のための情報を見つける。
　・情報を論理的にまとめ，描写する。
　・要約，エッセイ，レポートにおいて情報を構築する。

◆協働スキル
他者と共に効果的に取り組む。
　・関係を築き発展させるために，ソーシャルメディアネットワークを適切に用いる。
　・共感する。
　・意思決定のための責任を委譲し，共有する。
　・他者の成功のために手助けをする。
　・自分の行動に責任をもつ。
　・対立に対処し，問題を解決して，チームで協働する。
　・合意を形成する。
　・公平で，公正な決定をする。
　・他者の見解や考えに積極的に耳を傾ける。
　・効果的に交渉する。
　・他者が貢献することを鼓舞する。
　・リーダーシップを発揮し，集団の中で様々な役割を引き受ける。
　・意味のあるフィードバックを与え，また受け取る。
　・自己の権利とニーズを主張する。

◆整理整頓スキル
時間と課題を効果的に管理する。
　・短期的課題や長期的課題に向けて計画を立てる。締め切りを守る。
　・試験や発表のための準備計画を作成する。
　・課題のために週間予定表をつけ，用いる。
　・困難だがやりがいがあり，現実的な目標を設定する。
　・個人的な目標や学問的な目標を達成するために方法を計画し，行動する。
　・必要な器具やものを授業にもってくる。
　・情報ファイル／ノートを整理された，論理的な状態に保つ。
　・複雑な情報を整理するために適切な方法を用いる。
　・感覚的な学習の好み（学習スタイル）を理解し，用いる。
　・テクノロジーを効果的かつ生産的に選択し用いる。

◆情動スキル
心理状態の管理
　・注意深さに関する自覚
　　　－専念し，集中する。
　　　－集中力を発達させるための方法を実践する。
　　　－注意力の乱れを克服する方法を実践する。
　　　－心と体の関連性を認識する。
　・忍耐力
　　　－粘り強さと忍耐を示す。
　　　－我慢することができる。
　・感情管理（感情のコントロール）
　　　－衝動性や怒りを克服する方法を実践する。
　　　－いじめを防止し，撲滅する方法を実践する。
　　　－ストレスや不安を減らす方法を実践する。
　・自己動機づけ
　　　－失敗の原因を分析し，特定する。
　　　－セルフトーク（心の中での自分との対話）を管理する。
　　　－前向きな思考を実践する。
　・立ち直る力
　　　－逆境や誤り，失敗後の「回復」を実践する。
　　　－「上手に失敗すること」を実践する。
　　　－失望や満たされていない期待への対処を実践する。
　　　－変化への対処を実践する。

◆振り返りスキル
学習プロセスを（再）検討する，ＡＴＬスキルを選択し用いる。
　・効果的な学習に必要な新しいスキル，テクニック，方法を構築する。
　・個人的な学習方法の強みと弱みを特定する（自己評価）。
　・学習方法の選択と使用において柔軟性を示す。
　・新しいＡＴＬスキルを試し，その有効性を評価する。
　・内容を検討する。
　　　今日，何について学んだのか？
　　　まだ理解していないことは何か？

　　　　今，どのような質問があるのか？
　・ＡＴＬスキルの発達について検討する。
　　　　自分がすでにできることは何か？
　　　　もっと練習が必要な友達を手助けするために自分のスキルをどのように共有することができるのか？
　　　　次は何に取り組むのか？
　・個人的な学習方法を検討する。
　　　　もっと有能で効果的な学習者になるために何ができるだろうか？
　　　　学習方法を選択する際に，より柔軟になるにはどうしたらよいだろうか？
　　　　上手に学習できるようになるために重要な要素とは何か？
　・他者の作品を模倣することにより創作するプロセスに焦点を置く。
　・倫理的，文化的，環境的影響を考える。
　・振り返りを記録するために日記をつける。

◆情報リテラシースキル
情報を見つけ，解釈し，判断し，創造する。
　・データを収集し，記録し，検証する。
　・伝えるべき情報にアクセスし，他者に伝える。
　・様々な情報を関連づける。
　・情報にアクセスし，処理し，想起する際，個人的に好んでいる学習方法の利点と限界を理解する。
　・長期的な記憶力を発達させるために記憶術を用いる。
　・様々な形式やプラットフォームで情報を提示する。
　・解決策を特定し，情報に基づいた決定をするために，データを収集し，分析する。
　・データを処理し，結果を報告する。
　・特定の課題に対する妥当性に基づいて，情報やデジタルツールを評価し，選択する。
　・テクノロジーシステムを理解し用いる。
　・メディアコミュニケーションを分析し，解釈するために，批判的リテラシースキルを用いる。
　・知的所有権を理解し，実践する。
　・参考文献への言及，もしくは文献からの引用を行い，必要であれば脚注（もしくは文末脚注）を使用する。広く認められている書式に従って参考文献目録を作成する。
　・一次資料と二次資料を特定する。

◆メディアリテラシースキル
考えや情報を用い，創造するためにメディアと付き合う。
　・様々な資料やメディア（デジタルソーシャルメディアやオンラインネットワークを含む）から情報を見つけ，整理し，分析し，評価し，統合し，そして倫理的に用いる。
　・出来事や考えに関するメディアの解釈への認識を示す（デジタルソーシャルメディアを含む）。
　・個人的な視聴経験について情報に基づいた選択をする。
　・メディアの表現や発表形式がもたらす影響を理解する。
　・多角的で多様ソースから様々なものの見方を求める。
　・様々なメディアや形式を用いて，多数の受け手と情報や考えを効果的にやりとりする。
　・（マルチ）メディアリソースを比較・対照し，それらの情報源の関連性を引き出す。

◆クリティカルシンキングスキル
論点や考えを分析し，評価する。
　・問題を認識するために注意深い観察を実践する。
　・議論を形成するために関連する情報を集め，整理する。

- ・述べられていない思い込みや偏見を認識する。
- ・データを解析する。
- ・証拠や議論を評価する。
- ・課題を認識し評価する。
- ・合理的な結論や一般論を導き出す。
- ・一般論や結論を検証する。
- ・新しい情報や証拠に基づいて理解を見直す。
- ・リスクを評価し管理する。
- ・事実に基づき,時事的で,概念的な,議論の余地のある問題を提起する。
- ・多角的なものの見方に基づきアイデアを検討する。
- ・反対の,あるいは対立する議論を展開する。
- ・複雑な概念やプロジェクトの構成要素を分析し,新しい概念理解を構築するためのそれらを統合する。
- ・様々な解決策を提案し,評価する。
- ・障害や課題を特定する。
- ・複雑なシステムや問題を探究するためにモデルやシミュレーションを用いる。
- ・傾向を特定し,可能性を予測する。
- ・システムやアプリケーションを修理する。

◆創造的思考スキル
今までにないアイデアを生み出し,新しいものの見方を検討する。
- ・新しいアイデアや質問を提起するブレインストーミングや視覚的な図表を用いる。
- ・ありえないものや不可能なものも含めて,多数の代案を検討する。
- ・確証のある問題への新しい解決策を創造する。
- ・複数の目的,あるいは目的とアイデアを予期しない,あるいは独特な方法で関連づける。
- ・既存の機械やメディア,テクノロジーの改善を考案する。
- ・新しい機械やメディア,テクノロジーを考案する。
- ・推測し,「もし〜だったら」という問いかけをし,検討可能な仮説を立てる。
- ・新しい考えや製品,プロセスを生み出すために,既存の知識を応用する。
- ・独自の作品やアイデアを創造する。既存の作品やアイデアを新しい方法で用いる。
- ・柔軟な思考を実践する。多数の対立する,矛盾する,あるいは相補の議論を展開する。
- ・思考の可視化の方法やテクニックを実践する。
- ・比喩や暗喩を作り出す。

◆転移スキル
スキルと知識を多角的な文脈において用いる。
- ・教科や学問分野において効果的な学習方法を用いる。
- ・なじみのない状況においてスキルや知識を応用する。
- ・異なるものの見方を身につけるために,異なる文脈を探究する。
- ・多数の教科や学問分野を横断して概念的理解を比較する。
- ・複数の教科や学問分野を関連づける。
- ・製品や解決策を生み出すために,知識や理解,スキルを組み合わせる。
- ・現在もっている知識を新しい技術を学ぶために転移する。
- ・様々なものの見方を身につけるために探究における文脈を検討する。

おわりに

　本書は東京学芸大学の特別開発研究プロジェクトの一環として生まれました。リーダーシップ能力，企画構想力，人間的な感性を兼ね備えたグローバル人材育成において，ＩＢはたいへん優れた国際的な教育プログラムであり，新しい国語教育を構想する上で有効であると考え，ＩＢ国語研究会を立ち上げ，研究を始めました。

　2015年度の第一期は，「ＩＢ教育における国語科授業とアクティブラーニング（ＡＬ）に関する総合的研究」をテーマに，アクティブラーニングの指導方法のヒントを求め，ＤＰ「文学」ＭＹＰ「言語と文学」の基本的なカリキュラムを探究しました。2017年度の第二期は「ＩＢ教育における国語科授業に関する総合的研究」と題して，ＤＰ「文学」「言語と文学」やＭＹＰ「言語と文学」の具体的な授業実践の交流を行いました。

　このような研究交流の中で，概念理解のカリキュラムが確立しており，授業設計の自由度の高いＭＹＰ「言語と文学」の魅力を多くの先生方に伝えたい。ＩＢ認定校だけではなく，一条校の先生方にも，若手の先生方にも，私たちの言葉で分かりやすく伝えたいと考えました。

　その想いを支えてくださったのが10名の先生方です。ＩＢＯ主催のワークショップでご指導くださったリーダーの先生方や共に学んだ受講生の先生方，ＩＢ国語研究会にご参加くださった先生方とインターナショナルなネットワークが生まれ，本書を上梓することができました。皆様との素晴らしい出会いに感謝申し上げます。

　また，5章1節の絵コンテのイラストでは東京学芸大学Ｂ類国語専攻の和田駿志さんに，5章3節のグラフ作成では東京都立足立西高等学校の山川研先生にご協力いただきました。ありがとうございました。

　最後に，企画から編集，そして入稿に至る過程で丁寧にご対応くださった，木山麻衣子編集部長には，この場を借りて厚く御礼申し上げます。

　そして，読者の皆様が，本書をきっかけに，新たな国語の授業を開発されていくことを祈念しております。

2019年3月

中村　純子・関　康平

参考資料一覧

・国際バカロレア機構［ＩＢＯ］（日本語版，2015改訂）『国際バカロレア（ＩＢ）の教育とは？』
・ＩＢＯ（日本語版，2015）『ＭＹＰ：原則から実践へ』
・ＩＢＯ（日本語版，2015）『「言語と文学」指導の手引き』
・ＩＢＯ（日本語版，2016）『中等教育プログラム　プロジェクトガイド』
・Erickson（2012）. "Concept-based teaching and learning." IBO

〇ウィギンズ＆マクタイ：著，西岡加名恵：訳（2012）『理解をもたらすカリキュラム設計―「逆向き設計」の理論と方法』日本標準
〇ガーゲン：著，東村知子：訳（2004）『あなたへの社会構成主義』ナカニシヤ出版

※本書は国際バカロレア機構による認定を受けたものではありません。

【編著者紹介】

中村　純子（なかむら　すみこ）
東京学芸大学教育学部准教授。博士（教育学）。主な著書に『国語教育指導用語辞典』（共著　教育出版　2018），『中学校説明文・論説文』（共編著　東洋館出版社　2018），『主体的・対話的で深い学びを促す中学校・高校国語科の授業デザイン：アクティブ・ラーニングの理論と実践』（共著　学文社　2016），『メディア・リテラシーの教育・理論と実践の歩み』（共著　渓水社　2015），『国語科重要用語事典』（共著　明治図書　2015）『国語科教育学研究の成果と展望　Ⅱ』（共著　学芸図書　2013）他，がある。全国大学国語教育学会，日本国語教育学会，日本国際バカロレア学会，所属。

関　康平（せき　こうへい）
開智日本橋学園中学・高等学校国語科教諭。勤務校ではMYP「言語と文学」教科リーダーを担当。著書に『ラクに楽しく1時間　中学国語　ラクイチ授業プラン』（共著　学事出版　2017）がある。

【執筆者紹介】（執筆順，所属は執筆当時）

関　康平　　開智日本橋学園中学・高等学校教諭
＊第1章，第2章，第3章，第5章5

中村　純子　東京学芸大学准教授
＊第2章，第3章，コラム①②③

宅明　健太　学校法人茂来学園大日向小学校教頭
＊第1章2，第2章10

浅井　悦代　東京学芸大学附属国際中等教育学校教諭
＊第3章1，2

熊澤ほづみ　加藤学園暁秀中学校・高等学校教諭
＊第4章

渡邉　裕　　東京学芸大学附属世田谷中学校教諭
＊コラム④，各章コメント

山田　浩美　Nist nternational School Bangkok 教諭
＊第5章1

遠藤クラム智子　International School of Dusseldorf 教諭
＊第5章2

磯崎みどり　Japanese Language and Cultural Heritage School（Singapore）校長
＊第5章3

石田まり子　International School of Brussels 教諭
＊第5章4

石村　清則　International School of Paris 教諭
＊第5章6

国語教育選書

「探究」と「概念」で学びが変わる！
中学校国語科　国際バカロレアの授業づくり

2019年6月初版第1刷刊　Ⓒ編著者	中村純子・関　康平
2020年7月初版第2刷刊　　発行者	藤　原　光　政
発行所	明治図書出版株式会社
	http://www.meijitosho.co.jp
	（企画）木山麻衣子（校正）㈱東図企画
	〒114-0023　東京都北区滝野川7-46-1
	振替00160-5-151318　電話03(5907)6702
	ご注文窓口　電話03(5907)6668

＊検印省略　　　　　　組版所　藤原印刷株式会社
本書の無断コピーは，著作権・出版権にふれます。ご注意ください。

Printed in Japan　　　　　　　　ISBN978-4-18-232435-2

もれなくクーポンがもらえる！読者アンケートはこちらから →